范蠡完勝三十六計

智謀之理論與全方位實務操作

（下 冊）

陳 福 成 著

文 史 哲 學 集 成
文史哲出版社印行

范蠡完勝三十六計

——智謀之理論與全方位實務操作

目次

下冊

第四篇　混戰計

在處於混亂局勢條件下，各種狀況均尚不明時之計謀。有六計：

釜底抽薪
渾水摸魚
金蟬脫殼
關門捉賊
遠交近攻
假道伐虢

第十九章　釜底抽薪

「釜」是古代一種鍋子，「薪」是柴火。把鍋底下的柴火抽掉，止住鍋裡的沸水，比喻從根本上解決問題，也指從暗中進行關鍵性大破壞。故，古人言：「釜底抽薪，翦草除根」，都在指做事要一勞永逸，獲取「永久性的勝利」，就是要從根本解決問題，而非暫時治標。

「釜底抽薪」和「揚湯止沸」，是兩種關係著成敗的處事（世）法則，通常也可以看出一個人的智慧高低。「揚湯止沸」是事故爆發後，再尋求解決辦法，都只是暫時治標，不久又犯，這種人是從「果」上解決問題。

「釜底抽薪」是在事故未爆發前，先有了預防工作使問題不致於爆發；或爆發後，尋求澈底整頓的根本解決辦法，這是治本手段。這種思維的人從「因」上解決問題，有較高的智慧和謀略。所以，釜底抽薪的核心概念，就是治本，從根本（因上、源頭）解決問題與處事（世），此乃最佳方法論。

「好刀」，智者都想拿來一用，古今中外許多著名案例。曹操大敗袁紹的「官渡之戰」、周亞夫平七國之亂、李愬征討吳元濟叛變等。二戰時英國破壞德國「原子彈計畫」、麥克阿瑟慣用戰法，半個多世紀來美國為控制中東石油，辦法就是消滅中東反對者。現在的美中「貿易戰」就是美國的釜底抽薪之計，企圖從根本上瓦解中國。可惜美帝「覺悟」太晚，反將自己的「薪」抽掉了！

第一節　范蠡與釜底抽薪

釜底抽薪基本操作時機模式

面對強敵沒有必勝把握時，應該用別的方法，逐漸削弱敵人氣勢，待其戰力衰弱再攻克之。當敵人勢力如一鍋煮沸的水，勢不可擋，會產生巨大的相乘效果。只要找到形成戰力的源頭──釜底的柴火，把它抽掉，沸水很快冷了，氣勢也消了！

釜底抽薪是一種無聲無息的戰爭，不論武鬥、文鬥、商戰或情場都是。在於聽之無聲，視之無形，無窮如天地，難知如陰陽，施用暗往明來的手段，如孫子兵法所述「微乎微乎，至於無形；神乎神乎，至於無聲，故能為敵之司命」。把握四個基本操作原則：先治其本、去其所恃、攻心奪氣、以柔克剛。

在軍事戰場上最常用，一般指不和敵人直接交戰，而是切斷敵人的「薪」（主要補給線），或破壞敵人所依靠的有利條件，或瓦解敵人士氣等辦法來戰勝敵人。只要有戰爭，這個模式必然上演，就看哪一方操作的高明。

釜底抽薪擴大運用時機模式

研究古今中外案例，擴大了「薪」的內涵，以抽經濟之「薪」和文化之「薪」最有效（厲害），此二者只要「抽薪」成功，幾乎可以永享主動和權力。因而成為任何時機，爭戰者、掠奪者最愛用的模式。

眾所週知，戰爭是政治的延長線，但支持這種作為的基礎是「經濟」，沒有經濟全都免談。換言之，戰爭是「釜」中沸騰了的「政治湯」，而起決定性作用是釜下的「經濟薪」。把這個「薪」抽掉，釜中的「湯」平靜了，戰爭也就打不下去了，「越戰」就這麼結束。前蘇聯之所以解體，因「薪」被美國抽光了。

以文化之「薪」燒政治之「湯」，是一種較高謀略的鬥爭。「文化仗」通常是政治野心家常用且最持久的「釜底抽薪」之計，如美國和阿拉伯世界的長期鬥爭，本質上是「基督教文化」和「伊斯蘭教文化」的延長戰。英美等基督教世界目前是強權地位，阿拉伯世界居於弱勢，只好任由美帝「抽薪」。

美帝無窮盡對阿拉伯各國「抽薪」，弱勢者無從反抗，引起賓拉登發動「九一一攻擊」。（註一）這是攻心為上的「釜底抽薪」之計，把美帝拖入一連串戰爭，近二十年來美帝在伊拉克、利比亞、阿富汗打的仗，已讓美帝成為最窮的國家，加速其衰落，將無「薪」可燒了。

范蠡的釜底抽薪

因著蘇聯的解體，美帝霸權的衰落，再回顧范蠡的「興越滅吳」，多麼神似的案例，都因「薪」事而亡而衰。筆者研究范蠡一生行誼，發現他不論面對任何事，他都能很快抓住核心矛盾處，釜底抽薪從根本解決問題。從修為、習性上觀察，他就是一個凡事從根本上解決問題的人，可任意舉出數例。

第一、十八歲與文種奔越，根本解決「謀職」問題。年輕的他，已然深知若留在楚國，不僅一輩子沒前途，也會一直窮下去，沒有機會「創立霸業」。釜底抽薪之計，到越國發展最有機會完成心願，果然在越從政一直到功成「離職」。

第二、驚覺危險，脫離險境，根本解決問題。范蠡一生有兩次面臨危機，一次是成功後驚覺句踐要殺他，一次是在齊國感到不祥。面對險境的根本解決辦法，就是快速脫離險境。

第三、滅吳的策略是大規模、全面性澈底的釜底抽薪。這些「薪」包含：㈠抽掉吳國君臣對越國的敵意，以信任取代之，只剩一個伍子胥抽不掉。㈡用美人計抽掉吳國的民心士氣，代之以更多民怨。㈢鼓舞吳王夫差北進中原，戰爭抽光吳國「經濟薪」，此與蘇聯之亡同樣模式，古今走向滅亡之路都很類似。

第四、根本解決由窮變富的辦法。范蠡主張共利、共富，這是他偉大的地方。有魯國的窮士叫猗頓，年紀已經不小了，耕田種桑還是窮，求助於陶朱公，《史記》記載曰：（註二）

朱公告之曰：「子欲速富，當畜五牸」。於是乃適西河，大畜牛羊手猗氏之南，十年之間，其息不可計，貲擬王公，馳名天下。以興富於猗氏，故名猗頓。

范蠡看這窮士年紀不小，就快沒機會致富了。所以告訴他「子欲速富」，當畜五牸（音子，雌性牲畜），果然十年致富，成為陶朱公第二（道商二祖）。這是從根本解決問題的效果，另在范蠡的《養魚經》也提到，他教「威王」養鯉魚，也是從根本處賺錢的辦法。（註三）

……至來年二月，得鯉魚長一尺者一萬五千枚，三尺者四萬五千枚，二尺者萬枚。枚值五十，得錢一百二十五萬。至明年長得一尺者十萬枚，長二尺者五萬枚，長三尺者五萬枚，長四尺者四萬枚。留長二尺者二千枚作種，所餘者取錢，五百二十五萬錢。候至明年，不可勝計也。

范蠡善長於從根本解決問題，從政或從商都難免碰到各種矛盾難題，他總能很快抓住核心矛盾處，抽「薪」治本。前面所述㈠到㈣項，筆者以為對范蠡而言，已是末節，僅屬戰術或技術性巧思。要追本溯源，探察范蠡釜底抽薪智慧的源頭，大約不外有二：㈠范蠡兵學思想的修為；㈡道家思想的修煉。

范蠡的兵學思想可以簡化成四大要綱：㈠持盈、定傾、節事；㈡人事與天地相參，乃可成功；㈢得時無怠，時不再來，天予不取，反為之災；㈣國家目標不可一夜間任意放棄。（註四）一個人的修為達到「天地人合一」，他還有什麼問題不能解決？什麼問題能難倒他？

范蠡的道家修煉體現老子七種內涵形象：「豫兮若冬涉川，猶兮若畏四鄰，儼兮其若客，渙兮若冰之將釋，敦兮其若樸，曠兮其若谷，混兮其若濁。」（註五）范蠡修煉而得此工夫，亦成「上德道商七項形象守則」。（註六）一個人的修煉到此境界，他成了商聖與聖臣，對他而言，這世間還有什麼難題？

第二節　釜底抽薪之理論、詮釋與舉例說明

混戰計

第十九計：釜底抽薪

【原　文】

不敵其力①，而消其勢②，兌下乾上之象③。

【按　語】

水沸者，力也，火之力也，陽中之陽也，銳不可擋；薪者，火之魄也，即力之勢也，陽中之陰也，近而無害。故力不可當而勢猶可消。尉繚子曰：「氣實則鬥，氣奪則走。」而奪氣之法，則在攻心。

昔，吳漢為大司馬，嘗有寇夜攻漢營，軍中驚擾，漢堅臥不動，軍中聞漢不動，乃定。遂選精兵夜擊，大破之。此即不直當其力而消其勢也。

宋時，薛長儒為漢、湖、滑三州通判，駐漢州。州兵數百叛，開營門放火殺人，謀殺知州，兵馬監押，燒營以為亂。有來告者，知州、監押皆不敢出，長儒挺身出營，以福禍語亂卒曰：「汝輩皆有父母妻子，何故作此？叛者立於左，脅從者立於右！」於是，不與謀者數百人皆趨立右，遂不敢動；獨主謀者十三人突門而出，散諸於鄉野，皆捕獲。時謂「非長儒，則一城塗炭矣！」此即攻心奪氣之用也。或曰：「與敵對峙，搗強敵之虛，以敗其成功也。」

【注　解】

①不敵其力　敵，動詞，攻打。力，最堅強的部位。

②而消其勢　勢，氣勢。

③兌下乾上之象　《易經》六十四卦中，《履》卦為「兌下乾上」，上卦為乾為天，下卦為兌為澤。又，兌為陰卦，為柔；乾為陽卦，為剛。兌在下，從循環關係和規律上說，下必衝上，於是出現「柔克剛」之象。此計正是運用此象推理衍之，喻我取此計可強敵。

【譯　文】

兩軍對峙，重要的不是直接面對和抵抗敵人的鋒芒，而是間接地瓦解削弱它的氣勢，就是用以柔克剛的辦法轉弱為強來制服它。而「兌下乾上」取之於《易・履》在《易》中，乾為天，兌為澤「兌下乾上」正為以陰消陽、以柔克剛。

按：水之所以沸騰，是靠火的力量。火燒得越旺，火勢越大，越是猛烈而不可阻擋。柴草是產生火力的靈魂，是蘊藏火勢的地方，靠近它並不會受傷害；所以，強大力量雖阻擋不了，但它的氣勢是可以削弱的。尉繚子說：「士氣旺盛，就投入戰爭；士氣不足，就避開敵人。」而削弱敵人士氣的辦法，就在於運用攻心之計。

東漢初年，吳漢作大司馬時，有敵人黑夜襲擊軍營。當時部隊驚慌混亂，但吳漢卻安穩地躺在床上。士兵聽說吳漢如此沉著，大家也就都安靜下來了。此時，吳漢選出精銳部隊乘夜反擊，大敗了敵人。這就是不直接阻擋敵人的力量，而是用計去撲滅、抵消它的氣勢之辦法。

又如宋朝薛長儒做漢州、湖州、滑州三州的通判，駐漢州（今四川廣漢縣）。守衛漢州的士兵有百名叛變，打開營門，謀殺知州及兵馬監押，並燒營房作亂。有人來報告，知州和監押都不敢出來，只有薛長儒挺身而出，從壞的垣牆步行入營，用禍福開導亂兵：「你們都有父母妻子，為何要做這種事情？凡叛者向左站，脅從者向右站！」於是，附合與叛變的數百人都向右站，只有為首的十三個人從營門逃走，分散到各鄉村躲藏，不久皆被捉拿歸案。時人都說，若非長儒長於計謀，全城必定遭到禍害。這就是利用政治攻勢，削弱敵人士氣的效果。有人說，乘敵人之間互相攻打時，我方突然搗毀強大的薄弱的部分，徹底擊敗它的軍隊，以取得完全勝利，這也是「釜底抽薪」計謀的運用。

【出 處】

此計最早出於《呂氏春秋‧盡數》篇：「夫以湯止沸，沸愈不止。去其火則止矣。」《淮南子・精神訓》中也說到：「以湯止沸，湯乃不止。誠知其本，則去火而已矣。」北齊史學家魏收所作《為侯景叛移梁朝文》中說：「抽薪止沸，剪草除根。」亦即此意。釜底抽薪，釜：古代的一種鍋，薪：柴火。用在鍋底上抽去、移除柴火的作法，來停止鍋內的沸水，比喻從根本上解決問題。

【成功關鍵因素】

抓住矛盾點：「釜底抽薪」之計，重點是抓住對手主要矛盾處，即能掌握全局的關鍵點和薄弱點，從而殺掉敵人的氣勢，一舉獲得勝利。

針對要點，徹底破解：解決問題時，除非針對根本著手，否則就無法真正解決。此計的關鍵在於兩個步驟，一是要找到「薪」：要害之所在，二則利用這個要害來對付「強敵」以「進攻」。在軍事上，要切斷敵人的供給來源，破除敵人所依靠的有利條件，使敵方成為「無源之水、無本之木」，從而一舉戰勝敵人。尤其對於勁敵，更該採取以柔克剛的辦法，避免其鋒芒，進而削弱其進攻態勢，可達到意想不到的效果。

【歷史案例】：「軍無糧則亡」——曹操夜襲烏巢

漢獻帝建安四年，曹操威脅最大的，就是盤據在北方的袁紹。隔年，兩軍正式交戰於陽武（今河南省陽武縣），曹操僅有兩萬兵力，遠不如袁紹的十萬大軍，兩方之間差距極大。曹操在小地區雖經常打勝仗，但從大格局而言，面對袁紹的雄兵，卻被逼得節節後退。加上曹軍的軍糧所剩不多，士軍勞累、體力不足。曹營因此陷入了苦戰。

這時，袁紹的謀士許攸卻跑來投奔曹操。曹操詢問許攸要如何對付袁紹，許攸建議要以智取，而不要採正面攻擊。並且告知曹操，袁紹的軍糧和軍用物資都集結在烏巢（今河南間延津縣東南），那裡派駐的兵力極少，因此建議突襲糧食放火燒糧，讓十萬大軍斷糧，就可以削減袁紹的軍力。曹操獲知這個重要情報後，立刻挑選出精兵夜襲烏巢，將其火燒夷為平地，這一突襲，使得整個戰局全盤改觀了。

當袁紹知道糧草庫失火消息時，即刻派遣軍隊前往打火營救，結果還是搶救失敗。另外，主力軍攻向曹軍所在地「官渡」也戰敗了。士氣動搖的袁軍，內部起了分裂，陷入了極大的混亂，將士均無心再戰，全軍士氣瓦解崩盤，戰敗的亡、戰傷的逃，袁紹的十萬大軍政權徹底潰散，士兵只剩下兩萬名左右。

【現代案例】：香港金融爭奪戰——匯豐銀行退敵策略

一九六〇年初，美國幾家大公司想向亞洲金融中心之一「香港」，實施一項驚人的計畫：佔據香港金融界，徹底打垮華人與英國人在香港金融的實力，奪取香港，進一步控制東南亞。計畫一出，美國金融大亨們紛紛前來香港，準備搶下這「美味的大餅」。

香港匯豐銀行是美國人的「眼中釘」。匯豐銀行在香港有著雄厚的根基和社會基礎，形同「香港總銀行」。所以只要能打倒匯豐銀行，就等於穩操香港金融大權。

美國金融界先是利用香港當時股市上的弱點——資訊傳播慢，大量收購匯豐銀行股票。一時間，匯豐銀行的股票翻漲了好幾倍，成為人們手中發財的象徵。美國人緊接的動作是一兩天內把所有的匯豐銀行的股票大量向市場抛售，並製造各式不利的謠言，散佈說匯豐銀行經營不良啦，無力回收股票之類話語，惡意中傷匯豐銀行。霎時間，匯豐銀行的股價有如坐雲霄飛車般，直直狂跌，形勢極為不利。

然而，實際情況卻比預料更加糟糕，就在匯豐銀行正被大量收購股票時，分佈在全港的各支機構卻頻頻告急：許多不明真相的存戶紛紛向銀行提款，造成存款有可能被提空的危機。面對美國金融的挑戰，匯豐銀行也非省油的燈，開始提出反擊策略。首先，他們先廣而告之，安撫民心，強調匯豐銀行一定會對每位存戶負責到底。然後，馬不停蹄四處貸款，可惜卻仍於事無補。匯豐銀行甚至找來香港社會組織，請他們伸出援手……，然而，這一切的努力卻仍無濟於事，眼看失敗的結局離匯豐銀行越來越近了。

直到匯豐銀行得到中國的援助，這才讓事情有了峰迴路轉的局面。匯豐銀行獲得中國金融的權威機關——中國人民銀行的決定：支持滙豐銀行一定數量的貸款，並迅速指示駐港人員火速辦理入帳業務。滙豐銀行有了中國人民銀行的撐腰，營運不佳的疑慮消失，股價也逐漸回穩，存戶們的信心也恢復，儲蓄額獨領風騷，形勢逐漸對滙豐銀行有利。

滙豐銀行正是巧妙運用了「釜底抽薪」之計，避免與對方正面衝突，而是從旁努力，倚靠中國人民銀行的支援，使其在這場金融大戰大獲全勝，也讓美方的美夢就此破碎。

滙豐銀行這次處理危機的方式，採取「釜底抽薪」的方式，抓住關鍵點，才能徹底解決問題。它雖然是香港當地的金融界龍頭老大，一旦遇到美國這般金融強國侵略，一時間也無力抵抗、無法招架，於是採用的作戰策略是：不以正面作戰姿態去迎敵取勝，而是避其鋒芒，找尋對方的弱態，來削減對手的氣勢，再乘機利用自我補足後的條件來取勝。

第三節　釜底抽薪情境：關鍵、執行與練習

任何事都有一體兩面，正是所謂危機便是轉機。如前節實例，滙豐銀行碰上史前

無例的困境，最後找上中國金融界的大哥——中國人民銀行，由中銀撐腰，得以逆勢反轉，根本解決了問題。

釜底抽薪的關鍵性思維，是在問題發生（不論軍事戰場、商場），必須很快找出對手的矛盾處，給予「斷糧」，抽掉對手依靠的「薪」（優勢條件），這是根本解決的辦法。以下再提供反省和練習，深化學習效果。

釜底抽薪要素及反思

——一種避重就輕，以柔克剛的計謀

1. 關鍵要素：

- 微守盤點對方的威脅／弱點。
- 為免正面交鋒，攻擊他威脅的源頭。
- 運用非典型手段暗中展開戰鬥。
- 這會削弱對手或阻礙其攻擊力。
- 你會打敗弱敵，點穴任督二脈。

2. 執行的問題：

- 對手力量來源是什麼？憑藉什麼？
- 詳細分辨對方威脅與弱點了嗎？

・你如何限制對手的每種來源或輸入？

・那些影響方式中，哪一種最奏效？

・它們的衝擊力是什麼？

・你有能力給予弱點一擊乎！

3. 執行釜底抽薪的自主練習九宮格

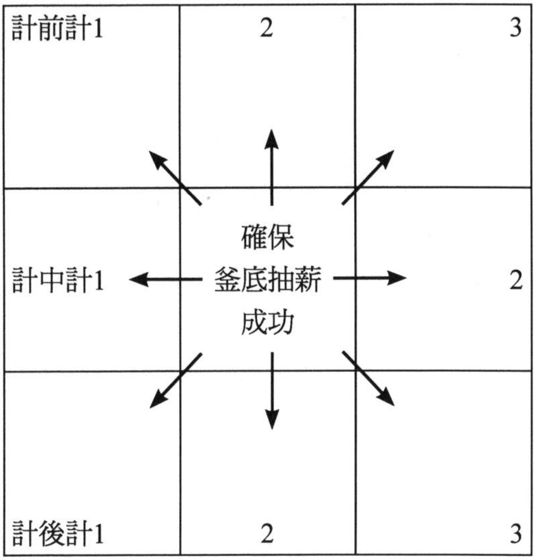

小結

(1)應用特性　針對競爭對手方面，當競爭激烈影響到自己產品的銷售時，不要急於大規模地促銷，可以將銷售不暢的產品縮小供應量，採取飢餓療法，同時調入新產品開展促銷。當競爭對手採取大規模的促銷活動時，停止自己的廣告促銷，反而跟進對方產品的鋪貨線路，轉而到零售環節促銷。針對網絡整合方面，可以控制經銷商的背叛行為，防止經銷商因為利益原因通過壟斷市場的手段，不斷地向合作企業提高合作條件。

從營銷的角度來說，釜底抽薪是比較激烈的對抗方式，抓住對方的弱點或者是在營銷操作環節的漏洞，採取應對的措施，然後達到自己的營銷目的。這一計謀經常使用在市場上爭奪客戶、爭奪資源，暗算競爭對手。

(2)市場基礎　可以是自己企業產品的主市場，也可以是新開發市場。

(3)產品定位　本企業產品具有一定的市場知名度，需要穩固下來，擴大傳播面。

(4)營銷目標　聯合客戶、整合客戶、控制客戶。

(5)準備措施　調查客戶的經營情況，研究客戶的發展趨向，準備推行新的營銷模式。

(6)**措施實施**　以推行模式為突破點，促使經銷商按照模式的方式改進業務操作方式，進而促使經銷商朝著有利於雙方緊密聯合的方向整合。

【附　註】

註一　陳福成，《第四波戰爭開山鼻祖賓拉登》（台北：文史哲出版社，二〇一一年七月）。

註二　漢・司馬遷，《史記》（台北：宏業書局，民國七十九年十月十五日），頁三二五九。

註三　關於范蠡的《養魚經》可見：雷蕾，《千秋商祖：范蠡》（台北：信實文化行銷有限公司，二〇一一年九月），頁三五八～三五九。

註四　陳福成，《大兵法家范蠡研究》（台北：文史哲出版社，二〇一八年二月，增訂再版），詳見第八章〈范蠡兵學思想〉。

註五　楊穎詩，《老子義理疏解》（台北：文史哲出版社，二〇一七年八月），頁七八～八一。

註六　范聖剛、范揚松，《商戰春秋陶朱公》（台北：聯合百科電子出版有限公司，二〇一九年十二月十五日），第八章，〈上德道商的七項形象守則〉。

第二十章　渾水摸魚

渾，也同「混」。渾水摸魚，在混濁的水（或主動攪渾）中，魚暈頭轉向之際，乘機把魚捉來。比喻在各種賽局中，乘混亂時機取利，但「趁火打劫」也是乘亂取利，二者有何不同？

趁火打劫乃「敵之害大，就勢取利。剛決柔也。」強調取利的強勢性、主動性、攻勢性；渾水摸魚乃「乘其陰亂，利其弱而無主。隨，以向晦入宴息。」強調取利的隱蔽性、隨機性、合理性。二者在戰略思維上差異很大，相同之處都在乘敵不利之際，謀得最大之利或奪取所要的目標。此處所謂「渾」（混）或亂，包含敵方「政治情勢混亂」和「思想信念混亂」；再擴而大之，是整個國際叢林的混亂，大國都想從中取利，小國一不小心就成為被摸走的「魚」，古今中外皆如是也。

渾水摸魚「以向晦入宴息」，如人到晚上要休息那般正常、合理，有「魚」不摸是不正常也不合理，定是笨蛋。是故，歷史上渾水摸魚案例太多了，三國群雄個個是摸魚高手，以孔明「摸魚」最厲害，他摸走周瑜的「魚」，把活生生的周瑜氣得吐血而亡。可以見得，渾水摸魚是一把殺人於無形的兵器，不可等閒視之，而誤以為「鬼混」就是渾水摸魚，汝將成為一條遲早被人捕殺的魚，後悔就來不及了！

第一節　范蠡與渾水摸魚

渾水摸魚基本操作時機模式

施展「渾水摸魚」之計，時機與模式的把握不外三種：㈠乘「渾」摸魚，即敵人（競爭者）內部出現混亂，此所謂「天上掉下來的機會」，我乘機取利。㈡造「混」摸魚，設法在敵方製造「混」亂，蹚「混」，再相機取利。㈢以上二者內外配合，製造敵方亂局，再出手取利。

當敵方陣營受到衝擊而軍心不穩，草木皆兵，士氣頹喪，耳語頻傳，謠言不斷；

乃至大家不守紀律，不畏法令，這都是內部混亂的徵候。對於這種處境下的「魚」，應乘亂局之際，迅速予以奪取。

尚無明顯的主要敵人或對手，面對著各種混亂的賽局，必有數股力量乘亂而起，相互競逐。一些較弱的力量無所適從或尋求靠山，必須順應天時，主動出擊，將這些小股較弱的力量爭取過來。

渾水摸魚擴大運用時機模式

兩造爭雄或多方爭勝，不論軍事、商戰或政治鬥法，取勝的辦法很多，其中較「節省兵力」的就是渾水摸魚。善用此計能輕易達到目的，代價也較小。

渾水摸魚較大的難處是判斷「捕魚」時機。由於水「渾」看不清魚在哪裡？具體而言，渾水摸魚的「魚」不外五種：㈠可收服的敵人、㈡可撈取的利益、㈢可爭取的力量、㈣可利用的時機、㈤可憑藉的條件。

國際叢林中，古來並無真正的「國際法」，現代國際法和國際法庭都有了，也仍是強權爭霸的工具。這表示，各國都睜大眼睛在渾水摸魚，乘亂取利，看看九一一事件、伊拉克和敘利亞戰亂……各國趁火打劫有之，乘亂取利有之，各國企業界亦如是。

企業經營無不著眼於獲利，著眼於「混戰」中有機會摸到「大魚」，要避免自亂陣腳，「紛紛紜紜，鬥亂而不可亂也」，才是獲利的基礎。惟經商不能像戰爭那樣血淋淋，要走正路，正派摸魚才是王道，如范蠡。

范蠡的渾水摸魚

范蠡的思想基因裡，已將他老師計然和師公老子的「混兮其若濁」智慧，內化在自己的智慧應用庫中，隨時可提出備用。這種「混」與「濁」的智慧，能保證永恆的成功：（註一）

> 混兮，其若濁。孰能濁以靜之徐清？孰能安以久動之徐生？保此道者不欲盈，夫唯不盈，故能敝而不成。

混和濁都是愚昧、糊塗之意，表相看頗多貶義，卻隱涵著極高深的哲理。上德之道即然心寬如虛空，當然就心包一切，包容光明與黑暗，包納真善美和假醜惡，包涵混濁與清澈，亦如大地承載一切好與壞。用佛法語言詮釋，到了佛菩薩的境界，沒有任何分別心，眾生平等，一切好壞、美醜、大小、高低、濁清……都消除了，沒有任何區別。

因此，「混兮，其若濁」，濁亦不濁，上智之人仍看得很「清」楚。他深知世俗間「水至清則無魚，人至察則無徒」，心包濁與清，能得天、地、人之利。「保此道者不欲盈」，悟得這個道理，才能永遠在渾水中摸到「魚」，是「永恆的成功」。但成功者難以克服「盈」（自滿），又可能面臨慘敗，只有心如虛空，謙卑處世，才能永不失敗。范蠡因有「混兮若濁」的上德智慧，渾水如清，始終能摸到「魚」，他最拿手是將敵方陣營「攪渾」，使那魚兒暈頭轉向，便可以在混亂中「捕魚」。可任意舉其幾例。

第一、攪渾吳越敵友關係，摸一條「超級大魚」，滅吳興越。吳國始終是必滅的敵人，此在范蠡心中從未動搖，且始終如一，在這個大戰略之下，把吳越關係操作成「越臣服於吳」的友好之邦。因而在吳國，夫差以下所有人都在「渾水」裡失去方向，是敵？是友？永遠看不清楚，只有一個伍子胥看清楚。

第二、製造吳國內部忠奸亂局，使夫差忠奸不辨。對吳國而言，忠臣只有伍子胥一人，可惜夫差把他看成奸臣。而伯嚭等於是越國的內間，被夫差當成忠臣。如此的忠奸混亂，完全中了范蠡計謀，焉有不亡！在這局「渾水」裡，范蠡摸到的「魚」，就是伍子胥。

第三、國家安全戰略成為一團亂局。在吳國內部對於國家目標和安全戰略，只有「北進」或「南進」之爭。伍子胥是「南進派」，先滅越國，再談其他（是否北進）；夫差和伯嚭認為越已臣服，不足為患，應全力北進中原爭霸。這種「南北之爭」，如同今台灣「統獨」問題，直到亡國之前仍無定論，一國兩方皆在渾水中，魚盡被摸光光！

范蠡的兵學思想很強調「得時無怠，時不再來，天予不取，反為之災」。（註二）這個道理，如形容渾水摸魚是「以向晦入宴息」，晚上到了人就休息，自然平常之道，故有魚不摸是違反自然、違反天道的。上天給了越國滅吳的機會，是替天行道；反之，當年上天給吳國滅越的機會，吳王不受，如今反為之災，亦是天道。

范蠡不僅善於渾水摸魚，也樂於「授人以漁」，在「陶朱世家」五項認證中，「富貴魚：授人以漁，授人以愉」是道商五寶之一。（註三）中國人常說，「給他魚吃，不如教他釣魚」，這是我們中國政治思想裡「濟弱扶傾」的延伸。對於貧弱者除了一時救濟外，進而幫助他創業，找到「釣魚」（謀生）方法，道商二祖猗頓就是范蠡「扶」起來的。（註四）吾國民間以鯉魚象徵財神范蠡，凡為道商者知「富貴魚」深意，非售魚也，授以文化，授人以漁，授人以愉，授之顯道也。

終極來詮釋范蠡的「大戰略渾水摸魚」之道，原來他的「魚」已不分你我，無你我之分別心。「魚」始終在他手上，摸之則來，放之則去，他大公無私，願與天下人分享「漁利」，乃著《養魚經》（註五），成為人類史上第一本養魚教本，讓人人都懂「渾水摸魚」之道。

范蠡渾水摸魚已到了超凡入聖的境界，就像他三致又三散千金。「錢」對於他，似已「呼之則來，揮之則去」，摸「魚」尚有何難處？

第二節 渾水摸魚之理論、詮釋與舉例說明

混戰計

第二十計：混水摸魚

【原　文】

乘其陰亂，利其弱而無主。隨以向晦，入而宴息。

【按語】

動蕩之際，數力衝撞，弱者依違無主，敵蔽而不察，我隨而取之。《六韜》曰：「三軍數驚，士卒不齊，相恐以敵強，相語以不利，耳目相屬，妖言不止，眾口可惑，不畏法令，不重其將，此弱徵也。」此魚，混戰之際，擇此而取之。如：劉備之得荊州，取西川，皆此計也。

【注解】

乘其陰亂：陰：內部，意為乘敵人內部發生混亂。隨，以向晦入宴息：語出《易經・隨》卦。隨，卦名。本卦為異卦相疊（震下兌上）。本卦的上卦為兌為澤；下卦為震為雷。言雷入澤中，大地寒凝，萬物蟄伏，故卦象名「隨」。隨，順從之意。《隨卦》的《彖》辭說：「澤中有雷，隨。君子以向晦入宴息。」意即人要順應自然天時去作息，向晚就入室休息。

按：《六韜》：古代兵書名。傳為周代呂望（又稱呂尚，字子牙，原姓姜，先封於呂，從其姓。周人稱之為師尚父或太公望，為周初軍事家、謀略家。）文王聘於滑水之陽，說過：「吾太公望之久矣！」因號「太公望」，輔周滅紂。世傳其有兵書

《六韜》六卷，（《六韜》：即〈文韜〉、〈武韜〉、〈龍韜〉、〈虎韜〉、〈豹韜〉、〈犬韜〉），《六韜》始著歸於《隋書經籍志》，宋代列為《武經七書》之一，同《三略》併稱。引文見《六韜・兵征》。

【譯　文】

利用敵人內部發生混亂、戰力降低、指揮系統紊亂而無主見的條件，亦即力量微弱而失去主體性的時候，我方跟隨其後，加以操縱控制以打擊它，使它順從我方。就好像是接近黃昏時，人們必須回家休息一樣，極其自然的做法。

按：動亂不定的局面，存在著幾種衝突的力量。弱小的依從誰，或是反對誰，都沒有確定，敵人又多是蒙蔽而沒有察覺，我方應當立即隨手將他獵取過來。兵書《六韜》寫道：「全軍多次驚慌，士兵缺乏一致的目標，都是把敵人估計得過強而產生的懼怕心理，說著洩氣的話，大家相互傳達、互使眼色，謠言紛紛、聽信假話，不怕法令、不尊重將帥，這些都是衰弱的徵兆呀！」這樣的魚，混戰時，就像是混水時一樣，應該乘機把他獵取過來。比如劉備得荊州、取西川，都是利用這條計策。

【出　處】

此計出於《三國志・蜀志・先主傳》，是指劉備乘亂取得四川最後稱王的事情。

劉備本來只佔據荊州的地盤，但很想奪取和荊州相連的西川，而西川為劉璋所有，於是劉備以各種方式籠絡劉璋手下的人，終於，劉璋定下幫助劉備鎮守西川的決定。因當時形勢動盪及戰事的影響，劉璋集團內部有了分歧，劉備抓住這個機會加以反擊，直殺到成都，成功奪取了西川。

【成功關鍵因素】

混戰之際，乘機奪勝：此計用於軍事，是指當敵人混亂無主時，乘機奪取勝利的謀略。如在混濁的水中，魚兒辨不清方向；在複雜的戰爭中，弱小的一方經常會動搖不定，此時就有可乘之機了。然更多時候，這種時機不能只靠等待，而應該主動去製造才是。

觀察與進攻：本計有兩點須注意：一是要設法擾亂對方，使之失去判斷能力，待其指揮系統混亂間，再乘時發動攻擊。二為對方內部會有各種不同勢力或派系，故混亂時，須對準情況最不穩定的部分下手，才易成功。

混戰計之別：另外一提，細心研究三十六計時，可以聯想到：本計「混水摸魚」與第五計「趁火打劫」有何異同？這可以從兩計的正文及其在《三十六計》中所處的地位進行辨析。

「趁火打劫」是：「敵之害大，就勢取利。剛決柔也。」而「混水摸魚」是：「乘其陰亂，利其弱而無主。隨以向晦，入而宴息。」」，由此可看出，兩計的相同點是：都強調乘敵不利時（一為「敵之害大」，一為「乘其陰亂」）取利。而它的不同點，在於取利手段有所不同。「趁火打劫」更強取利的強勢性、進攻性（「剛柔性」）；而「混水摸魚」則更強調取利的隱蔽性和隨機性。

所謂「隱蔽性」，是說此計突出的一個「混」字。水清了，其中的魚兒能看清周圍的動靜，人就不容易接近它，也就難以捉到它了。而水混時，魚兒對周圍環境看不清楚，人就可以接近它，進而捉住它。

在商場上，時時保持清醒：在商業談判中，有些商家特別善於施展「混水摸魚」之計，故意造成對方的頭腦混亂，給自己製造可乘之機，撈取足夠的好處。因此，唯有保持「頭腦清醒」，才能免自己成為「混水摸魚」的目標，而不致讓自己受損。

【歷史案例】：曹吳爭地　諸葛亮詐取南郡

赤壁大戰，曹操大敗。為防止孫權北進，曹操派大將曹仁駐守南郡（今湖北公安縣）。此時，孫權、劉備都有意取得南郡。周瑜因赤壁大戰氣勢如虹，下令進兵攻取南郡；劉備也將部隊調到油江口駐紮。劉備為了穩住周瑜，首先派人到周瑜營中祝賀。第二天，周瑜親自至劉備營中回謝，在宴席中，兩人言談交鋒，都意屬攻下南郡之地。但曹仁勇不可擋，能不能搶奪到南郡，兩方都還不敢輕敵。

周瑜發兵，首先攻下彝陵（今湖北宜昌），然後乘勝攻打南郡，卻不慎誤入曹仁誘敵之計，中箭而返。曹仁見周瑜中毒箭受傷，心中非常高興，每日派人到周瑜營前叫戰。周瑜只是堅守營門，不肯出戰。一日，曹仁親自領大軍前來挑戰，周瑜帶領數百騎兵衝出營門大戰曹軍。剛開戰，忽聽周瑜大叫一聲，口吐鮮血，墜於馬下，被眾將救回營中，原來這是周瑜定下的欺騙敵人的計謀，一時傳周瑜大發而死的消息。周瑜營中奏起哀樂，士兵們都戴上孝服，曹仁聞訊，大喜過望，決定趁周瑜剛死、東吳沒有準備的時機去劫營，要割下周瑜的首級，到曹操那裡去領賞。

當晚，曹仁親率大軍去劫營，城中只留下陳矯帶少數士兵護城。曹仁大軍趁著黑夜衝進周瑜兵營，只見營中寂靜無聲，空無一人。曹仁見狀知道中計，急忙撤退，但已經來不及了。只聽見一聲砲響，周瑜的軍隊從四面八方殺出。曹仁好不容易從重圍中衝出，退返南郡，又遇東吳伏兵阻截，只得往北逃去。

周瑜大勝曹仁，立即率兵直奔南郡，等周瑜率兵趕到南郡時，只見南郡城頭插滿了旌旗。原來是趙雲已奉諸葛亮之命，趁周瑜、曹仁激戰正酣之機，輕易地攻取了南郡。諸葛亮利用搜得的兵符，又連夜派人冒充曹仁救援，輕易地詐取了荊州、襄陽。周瑜這一回自知上了諸葛亮的大當，氣得昏了過去。

劉備、曹操、孫權都想奪取荊州，所以劉備趁曹仁和周瑜激戰，無暇他顧之際，派兵馬趁亂攻取南郡，詐取荊州，既避開了與雙方交戰的危險，也節省了自己的力量，更重要的是，成功的奪下了荊州這個戰略要地，將「混水摸魚」的計策發揮至極。

【現代案例】：「六大建築公司」的品牌假象

經歷第二次世界大戰後，日本百廢待舉，全國各地都在開山鋪路，修水壩，建電廠。當時國內有五間建築公司——鹿島、大成、清水、大林、竹中，壟斷了所有重要的大工程，他們被全日本公認為五大建築公司。

間組建築公司的董事長神部滿之助是個野心勃勃的企業家，不滿自己公司的業務因五大建築公司的強勢而受阻，在幾經考慮之下，他採用了一個讓人意想不到的策略。

間組公司向各大報社發出一筆高額的廣告費，它要求舉凡能見報的文章，凡是提及建築業的大公司時，必須將間組公司並列於五大建築公司，也就是將「五大建築公司」改為「六大建築公司」。該說法上報後，神部滿之助立刻引來同業的明嘲暗諷，但他卻對這些反應視而不見，因為，他期待的就是建築業輿論的混亂。

不久之後，許多不知情的人開始慕名而來，間組公司用優質的服務讓每位上門的客戶感到無比尊榮，盡心滿足客戶們的需要，業績因而扶搖直上。間組公司的規模日益擴大，三年後，名副其實的成為日本第六大建築公司。

間組公司本來離五大建築公司有相當大的差距，但神部滿之助利用報業輿論，製造「六大建築公司」的名號，讓不明就裡的人信以為真，逐步將原本在它之上的其他公司拋諸腦後，最終讓「六大建築公司」的品牌成真。

第三節　渾水摸魚情境：關鍵、執行與練習

渾水摸魚在常民社會中有被污名化現象，甚至和「鬼混」同義，確實有諸多怪異現象。學生時代混的最凶的，往往後來很有成就，官當的最大，乖的會讀書的頂多當教授。老布希的幾個兒子中，光會鬼混拉幫結派的小布希，成為美國總統。是故，渾水摸魚有不凡的內涵，唯智者能知並運用於創造春秋大業。

真理簡單，但難以悟得。為深化學習效果，再從關鍵要素、執行問題和九宮格練習，提供學者反思，並做小結。

混水摸魚要素及反思

——強調取利的隱蔽性和隨機性

1.關鍵要素：

・找到一口可掌控的池塘。

・迷惑誘導或利用對手。

・這使對手喪失判斷力，阻止他理解你的意圖或看穿你的態度。

・可引進第三方加入亂局中。

・不是擔負而在擔中網魚。

2.執行的問題：

・調動盟友或自己去攪亂市場？

・對手做出反應你會採取什麼行動？

・自己的階段性目標清楚嗎？

・對手的環境要素是什麼能影響他嗎？

・善用外部資訊，人工產生迷霧。

・你怎樣支配那些要素？

・你要的魚還在那池塘嗎？

3. 執行混水摸魚的自主練習九宮格

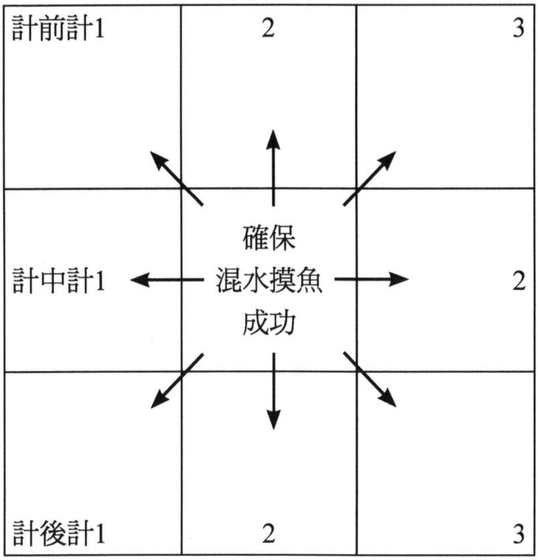

小結

(1)應用特性　當競爭對手之間的競爭趨向激烈時，不要正面參與競爭，不要樹敵太多，即使對方的實力比較弱，也不要強勢逼人，要耐心地尋找對方的弱勢，尋找對方在操作上的漏洞，尋找產品的空缺與市場的空缺，抓住機會，集中精力開展產品促銷。在具體操作中，要穩妥做事，強調深度營銷。同樣，渾水摸魚也可以用在產品競爭和爭奪消費者方面，當處於弱勢的消費者搖擺不定，還沒有成為其他品牌的忠誠客戶的時候，促銷的機遇就到來了。

從營銷的角度來說，在競爭日趨激烈的條件下，市場必須要不斷地調整，營銷模式也要及時調整。即使這樣，市場上也會存在混亂局面，這有可能是競爭對手之間的混亂，也有可能是產品之間競爭的混亂，也有可能是產品從批發到零售環節上的混亂，也有可能是企業內部的混亂。混亂有可能給企業的營銷帶來困難，如果企業能夠處亂不驚，細緻謀劃，變不利因素為有利因素，渾水就可以摸到大魚。渾水摸魚的謀略多使用在尋找市場機遇、尋找客戶、尋找競爭對手的弱點方面，也是一種低成本的營銷方式，企業一旦抓住機會，就可以以較低的成本獲取很大的收益。企業可以製造混亂而趁機渾水摸魚；也可以對混亂的現象非常敏感，在市場上抓住機遇。混亂是客觀條件，而摸魚才是技術，需要企業加強內功自我修煉。

(2)市場基礎　市場處於混亂競爭狀態，特別是產品競爭比較混亂。

(3)**產品定位**　將自己的產品重新定位，宣傳口號標新立異。

(4)**營銷目標**　創立企業產品的品牌效應。

(5)**準備措施**　準備促銷宣傳方案，樹立品牌視覺形象。

(6)**措施實施**　通過媒體宣傳企業產品以及品牌，在零售門店突出宣傳企業標識、企業宣傳口號以及企業卡通形象。

【附註】

註一　楊穎詩，《老子義理疏解》（台北：文史哲出版社，二〇一七年八月），頁七八～八一。

註二　陳福成，《大兵法家范蠡研究》（台北：文史哲出版社，二〇一八年二月，增訂再版），第八章。

註三　范聖剛、范揚松，《商戰春秋陶朱公》（台北：聯合百科電子出版有限公司，二〇一九年十二月十五日），第二篇，第七章。

註四　漢・司馬遷，《史記》（台北：宏業書局，民國七十九年十月十五日），見〈貨殖列傳〉。

註五　同註三，第二篇，第六章。

第二十一章　金蟬脫殼

金蟬脫殼之計，與聲東擊西、暗度陳倉等相較，都屬示形手段製造「假像」，達成掩護真實企圖和行動目的之欺騙謀略。金蟬脫殼也是一種「走為上計」，但比其他各計最強調的是「分身術」，這個分身必須以「脫」來完成。所以，也是一套可簡可繁的謀略。

最簡單者，如故意留下東西，託言去洗手間，實行「尿遁」，也是金蟬脫殼之計；繁複者，在戰爭中、商業競爭、政治謀算、刑事辦案等，恐怕就沒有這麼容易被看穿。因為裡面有很多學問，歷史上留下很多史例。

宋朝畢再遇「懸羊擊鼓」惑金兵、晉時劉鄩用毛驢充當巡邏兵，王守仁遺詩避禍、清懿貴妃（後為西太后）誅殺大臣。西方亦多史例，如斯巴達克化險為夷、日本大雀命（應神天皇時代）逼死王兄、英國喬治五世改姓息公憤、巴基斯坦貝布托免遭拘捕等。

第一節　范蠡與金蟬脫殼

金蟬脫殼基本操作時機模式

表面上保持己方陣營，形勢（形式）不動，暗中轉移主力去執行別的任務，而且使敵方完全毫無察覺（或察覺也來不及）。敵方渾然不覺，也就不敢輕舉妄動。如蟬之殼尚在（形式、假像），用以迷惑人；其新生命（真身、真相），早已脫離遠去。

戰場（各類戰場）瞬息萬變，必須善於掌握戰場形勢。若發現新的敵蹤，應不動聲色（存勢），暗中轉移主力突擊新敵人，出擊時原陣勢（形式）不變，等我方殲滅了新敵人，再回師後，敵人察覺也來不及了。所以，金蟬脫殼的「脫」，在強調「分身」之法，而非逃走！

金蟬脫殼擴大運用時機模式

金蟬脫殼很容易被誤以為只用在脫離險境，也可以廣泛運用於攻守之勢，所謂「形兵之極，至於無形」。如宋仁宗時狄青夜襲崑崙關，正是攻勢作為之金蟬脫殼，其兵力轉「脫」之妙，可謂已臻於「無形」。

在現代高科技戰爭條件下，使用本計將增加難度。原因是現代科技對光、聲、波、磁、熱等偵測太厲害了，一切都很難完全保密，你在使計，敵方也在使計，能像孫悟空做到「七二分身」，就必是贏家。

使用此計成功的關鍵，必須把「脫殼」這一過程，做到天衣無縫，不露痕跡，讓敵人把「殼」看成「金蟬」。這樣就萬無一失了，乃最高境界之欺敵手段。

不論如何使用此計，「殼」的維持和「脫」殼而去，可視為兩階段，第一階段最重要，能做好便可在第二階段安全脫離而去。而要做好第一階段，使敵人把假像（殼）視為真，便天衣無縫了，有此能耐者，捨范蠡尚有誰？

范蠡的金蟬脫殼

有句俗話說，「老牛視青草，智者看是寶」，這也表示相同之物給不同人看，不僅看出不同的形式和內涵，甚至價值也不一樣。你說奇怪不奇怪？但這就是人類這物種的奇怪！同樣只是一隻蟬的外「殼」，為什麼讓一個國王和他的謀臣，把它當一隻「蟬」看？怎會不知道那「殼」（夫差眼中的越國君臣），都是假相呢？

其實范蠡從一開始，就塑造了一個「假相越國」呈獻給吳王夫差，而把「真相越國」深藏（脫除）。基本上，范蠡所演繹的是一套「瞞天過海式金蟬脫殼」，一齣大戰略奇謀。周敬王二十六年（前四九四年），句踐不聽范蠡諫阻而伐吳。（註一）

范蠡諫言：「不可，臣聞兵者凶器也，戰者逆德也，爭者事之末也。陰謀逆德，好用凶器，試身於所末，上帝禁之，行者不利。」

范蠡以戰機不成熟，冒然而發動戰爭是「陰謀逆德」，凶也！連「上帝」都不認同。此處也意外讓我們中國人了解，原來春秋時代上帝已在中國，上帝是「中國人、中國神」啊！句踐不聽諫言冒然攻吳，結果大敗，被吳王夫差圍困，命在旦夕。看越王君臣如何處理？（註二）

> 蠡對曰：「持盈者與天，定傾者與人，節事者與地。卑辭厚禮以遺之，不許，而身與之市。」句踐曰：「諾。」乃令大夫種行成於吳，膝行頓首曰：「君王亡臣句踐使陪臣種敢告下執事：句踐請為臣，妻為妾。」吳王將許之，子胥言於吳王曰：「天以越賜吳，勿許也。」種還，以報句踐。

這段文字特須注意范蠡說的「卑辭厚禮以遺之、而身與之市」，及文種「膝行頓首」的動作，這些都是「殼」，都是「假相」，完全針對夫差好勝自大的心理而「表演」。第一回表演因伍子胥諫言而未成功迷惑夫差，第二回買通貪官伯嚭，又呈獻給夫差一個更大的「假相」，才大事抵定。（註三）

> 於是句踐乃以美女與寶器，令文種陰謁伯嚭……進言於夫差曰：「嚭聞古之伐國者，服之而已。今越已服，且願委管籥，屬國家，其王身隨大王左右，是已名存實滅之矣，又何求焉？」文種又再以前說吳王之言說之，夫差遂允許越和而退兵。

「今越已服」，范蠡要的便是這四個字，從夫差的愛卿嘴裡說出來，就更容易使「假相越國」當成「真相越國」。如是，范蠡這隻蟬之「殼」的表演已然成功，因為在夫差眼裡，越已臣服，表面上越之形勢（形式），始終不變（不改變臣服之態勢），夫差也始終未察覺。在這有利之「殼」的掩護下，越國君臣的主力（君臣努力的方向），「脫」往何處？

無論范蠡「脫」往何處？他都能完勝主要目標之達成，據現代學者范揚松研究，得力於范蠡「內聖外王」的功夫。（註四）如是，夫差豈是范蠡的對手？

第二節　金蟬脫殼之理論、詮釋與舉例說明

混戰計

第二十一計：金蟬脫殼

【原　文】

存其形，完其勢。友不疑，敵不動，巽而止，蠱。

【按　語】

共友擊敵，坐觀其勢。尚另有一敵，則須去而存勢。則金蟬脫殼者，非徒走也，蓋為分身之法也。故大軍轉動，而旌旗金鼓，儼然原陣，使敵不敢動，友不生疑，待已摧他敵而返，而友敵始知，或猶且不如。然則金蟬脫殼者，在對敵之際，而抽精銳以襲別陣也。如：諸葛亮卒於軍，司馬懿追焉。姜維令儀反旗鳴鼓，若向懿者，懿退，於是儀結營而去。檀道濟被圍，乃命軍士悉甲，身自（白）服乘輿徐出外圍，魏懼有伏，不敢逼，乃歸。

【說　明】

存其形，完其勢：保存陣地已有的戰鬥形貌，進一步完備繼續戰鬥的各種情勢。

巽而止蠱：語出《易經・蠱》卦。蠱，卦名。本卦為異卦相疊（巽下艮上）。本卦上卦為艮為山為剛，為陽卦；下卦巽為風為柔，為陰卦。故「蠱」的卦象是「剛上柔下」，意即高山沉靜，風行於山下，事可順當。又，艮在上卦，為靜；巽為下卦，為謙遜，故說「謙虛沉靜」，「弘大通泰」是天下大治之象。

此計引本卦《彖》辭：「巽而止，蠱。」其意是我暗中謹慎地實行主力轉移，穩住敵人，我則乘敵不驚疑之脫離險境，就可安然躲過戰亂之危，所以，這是順事。

【譯　文】

保持原來的形態，採取佈陣的態勢，嚴加防守，並進一步保持自己的力量，使友軍不會對我產生懷疑，敵人也不敢對我方採取行動，隱蔽自己的行動，然後再偷偷移動主力。

按：和友軍聯合對敵作戰，要仔細察明敵人的態勢。如果發現別處有敵人，必須保持原來的陣勢，而分兵去迎擊。「金蟬脫殼」不是一走了事，它是分身的一種方法。因此，我方大軍轉移行動，依然要旗幟飄搖、戰鼓欲震，逼真地保持原來的軍陣，使敵人不移動，友軍不起疑心。等到摧毀別處的敵人回來，友軍和敵人才會發覺，或者還沒發現。

「金蟬脫殼」就是在對敵作戰時，暗中抽走精銳部隊，去襲擊他處敵方的奇謀。如諸葛亮病在前線，姜維率師回蜀，司馬懿跟蹤追擊。姜維乃命令楊儀反旗鳴鼓，好像要進攻司馬懿的樣子，司馬懿怕中計，不敢追擊而退軍，於是楊儀全師而回。又如檀道濟被敵人圍困，便命令士兵披上甲冑（即皮製的軍衣、軍帽），他自己穿白色而顯眼的衣服，坐在車上，慢慢向外圍攻擊。魏兵害怕檀道濟另以有伏兵，不敢進攻逼他，他就安然出圍回國了。

【出 處】

此計語出自元代《元曲選‧朱砂擔》第一折云：「（邦老醒科云）兄弟，與你一搭兒買賣呀，他們倒做個金蟬脫殼計去了也，打你這弟子孩兒，你怎麼放了他去。」又元代戲曲大家關漢卿，在《謝天香》中有唱詞曰：「便使盡些伎倆，乾愁斷我肚腸，覓不的個『金蟬脫殼』這一謊。」

【成功關鍵因素】

走而不走的假象：「金蟬脫殼」本是一種自然的生物現象，原意指金蟬變為成蟲時，要脫去幼蟲的殼。比喻留下表面現象，實際上卻脫身逃走。軍事上，是一種擺脫敵人，轉移或撤退的分身方法；指留下虛假的外形來穩住敵人，自己暗中脫身而去，離開險境。這是一種走而示之不走的策略。

混戰計之脫身術：此計與「聲東擊西」、「暗渡陳倉」等計比起來，雖皆屬於利用形勢手段，來達成掩蔽真實意圖和行動目的的軍事欺騙謀略，但運用此計時，關鍵只在於「脫」字。它是一種著重擺脫敵人、轉移兵力的「脫身術」，為了脫身，而需要先找個「替身」，來製造一種與自己或軍隊外表相似的意象，使對方認為自己或軍隊還在某地，而實際上他們早已離開了，從而完成對敵人的欺騙術。面對敵人的不同，「脫」的方式也不盡相同。「脫」有擺脫、逃脫、甩脫、掙脫、開脫之意。運用此計一定要認清楚好時機：一方面「脫殼」不能過早，只要存在勝利的可能，就繼續下去，直到不得已才可「脫殼」而去；另一方面，「脫殼」時機也不能過遲，在敗局已定下，多停留一分鐘，就會增加一分危險，而減少一分生還的希望。

本計的含義主要有二種：

一為脫身。為了擺脫困境，先把「外殼」留給敵人，然後自己脫身而出。留給敵人的「外殼」是一個虛假的外形，對我方的實力影響不大，卻能給敵人假象錯覺，進一步失去良好攻擊的時機。二為分身。在遇到兩方敵人時，為避免腹背受敵，可以對原來的敵人虛張聲勢，使其不輕易來犯，而暗中抽離主力去攻擊後來之敵，待後來之敵被消滅後，再返回來進攻原來的敵人。

商場上的應變：「金蟬脫殼」之計是推銷員擺脫困境，再解決問題的一種應變權宜計。如果遇對手強大，我方已無力支持下去，而再堅持下去只是損失慘重時，就應該暫且撤退，然後再設法反擊。但若無策略撤退時，就有遭對手毀滅的可能，因此還要假裝留在原地牽制對方，盡量爭取時間。

【歷史案例】：狄青夜襲儂智高

儂智高是北宋時期西南少數民族的領袖，西元一〇五二年（宋仁宗皇祐四年），他在安德州起兵反宋，建立大南國，自稱「仁惠皇帝」。初期，儂智高攻占了許多州府，情勢對宋廷不力，宋仁宗於是派出名將狄青南下征討。

經過一番交戰，戰線暫時固定於崑崙關。儂智高倚仗崑崙關天然的險阻，設下重兵把守，狄青知道強行攻關將增加損傷，於是也將部隊駐紮在崑崙關下，思考新的戰術。宋兵有人數與裝備優勢，但叛軍則有地利人和之優，狄青認為這場戰役不宜久拖，必須及早出奇制勝。

農曆正月十四日的晚上，宋營裡張燈結綵，狄青與宋兵在軍營中慶祝佳節，除了值班的士兵外，其他人都三五成群的聚在一起作樂。狄青更是興致大發，當眾宣布由於作戰順利，要一連三天慶祝元宵節，他與高級軍官開懷暢飲，一直喝到天亮。儂智高安插在宋營的奸細立刻將這些情況回報給儂智高，儂智高一聽，鬆了一口氣，對關防的要求隨之放鬆，守軍也鬆懈下來。

到了元宵夜，狄青找來中級軍官一同在帥帳中飲酒，約莫二更天時，狄青突然嘔吐起來，大家連忙請他回帳休息，狄青離開前還說：「大家不要掃興，我休息一會兒就出來，大家接著喝。」狄青讓一個軍官代他主持酒會，自己就到帳後去換衣服，其後不斷有狄青的心腹出來勸酒，這些軍官難得放鬆，便興高采烈地繼續飲酒作樂。天明時，一隊騎兵突然衝進軍營，下馬來到帥帳內，向那些還在喝酒的軍官說：「狄將軍已經攻克崑崙關。」軍官們一聽不知所云，只有面面相覷。

原來狄青中途退宴，是領兵秘密襲擊崑崙關。狄青早就知道營裡有敵方的奸細，但他卻不點破，他在宴會中裝作醉酒，就是要找藉口離席，瞞住了敵人與自己人，趁著敵人不備之際一舉攻克。狄青使用「金蟬脫殼」之計，是利用節慶機會讓敵人放鬆警戒，然後在營地裡保持原貌，不讓敵軍懷疑自己另有打算，進而達到出奇不意的效果。

【現代案例】：波音公司脫胎換骨，起死回生

波音公司成立於二〇世紀初，以製造金屬傢俱起家，之後才轉向專門生產軍用品。第一次大戰期間，波音公司生產的C型水上飛機，頗受美國海軍青睞，在美國飛機製造業中是一重要角色。

然而，好景不長，戰爭結束後，美國海軍取消尚未交貨的全部訂單。致使美國飛機製造業陷於癱瘓狀態，波音公司也不例外。

但波音公司的老闆威廉・波音（William Boeing）並沒有為此感到洩氣，他不斷地反省思考，並採取因應措施，果斷地調整經營方向。

一方面，他繼續保持和軍方的聯絡，隨時了解軍用飛機的發展趨勢與軍方的要求，以便給予滿足，這樣一旦有機會，其他飛機製造商也難以乘虛而入；另一方面，他考慮到軍方暫時不會有新的訂貨，於是開始抽出主要的人力、物力，轉向開發民用商業飛機。

為了保證這一策略順利實施，波音必須吸收、培養人才，並授予他們充分的權力，把主要的力量投入民用飛機的研製，從單一生產軍用飛機的舊殼裡脫穎而出。

戰後經濟的復甦刺激了民用飛機的需要，波音公司推出各種型號的客機滿足了市場需求，遂日漸復甦，發展逐漸壯大蓬勃。

評論：想要生存在競爭激烈的時代之中，經營者必須注意當代市場流行的趨勢、分析戰場上的脈動、觀察對手的戰略行動，適時地求新求變。「適者生存，不適者淘汰」的自然法則，在何時何地都是存在而適用的。

但若競爭的對手過多，在求變過程中則宜盡量低調，以暗流代替波濤洶湧，才不會引起對手的警戒，也才能順利變身成功，達到「金蟬脫殼」的目的。

波音公司無法抵擋景氣來襲的影響，以重新出發的態度作營運的因應措施，將自己一分為二的方式，先保有原本的形貌，再以策略從舊殼中脫穎而出。存其形而去其實，是經營者擺脫劣勢、險境，以掩蓋真實意圖的行動策略。然後以積極吸收和培養人才的方式，並投入其他單線的發展，最後達到脫舊換新、公司日益壯大的成果。

第三節　金蟬脫殼情境：關鍵、執行與練習

把金蟬脫殼的思維邏輯套在現代國際上的兩位「大哥」身上，習近平同志像范蠡，凡事低調並深謀遠慮，牢記鄧小平遺言「不要太早把頭伸出來」。事實上前幾任領導人大約如是，中國才可能在短期間邁向現代強國，現在只剩軍事和尖端科技差老美一些。而老美的川普有點像吳王夫差，好大習功，短視近利，只會加速美國衰落。

讀者客倌，你思索一下這兩個「大哥」，思索中國的快速富強，這是金蟬脫殼的神妙用。你若能有所悟，幾年低調實幹，必脫穎而出！

金蟬脫殼要素及反思

——一種「走而示之不走」的計謀

1. 關鍵要素：

- 要擺脫對手或危急的環境。
- 顯示表象，暗地裡運用。
- 表面上，被迷惑，不敢採取真實行動。
- 掌握時機脫殼，不宜太早。
- 把真實行動移轉到其他地方。

2. 執行的問題：

- 你評估所處危機環境的風險多大？
- 誰是你的對手？或者競爭的目標是什麼？
- 雙方彼此的威脅／弱點何在。
- 吸引或威脅對手的要害是什麼？
- 能創造什麼表象，在對手底下隱藏起來？
- 你知悉下一個移動目標在哪裡？

・在哪裡「移轉行動」不引起注意？

3.執行金蟬脫殼的自主練習九宮格

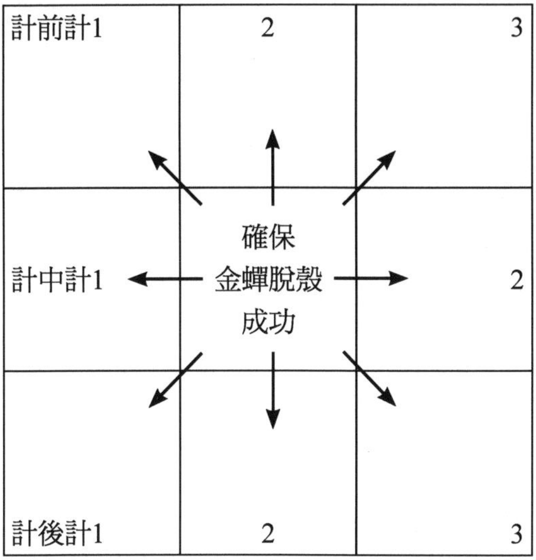

小結

(1)**應用特性** 經常用於產品的更新換代或者同類產品的替代。產品的更新換代是競爭的需要，但是更新換代存在新老交替的問題，老的產品往往還有市場，新的產品不一定能順利打開銷路，因此需要謀劃；產品的替代也是經常發生的事情，比如，與生產企業合作不順利，需要同類產品的替代，這種替代也是有風險的，需要謀劃。這個策略同樣也可以用於企業轉換市場，或者化解產品危機。產品出現危機事件是每個企業都要面對的事件，完美無缺的產品是不存在的，消費者的消費能力也是千差萬別的，所以，由產品引發的負面事件隨時都有可能發生。從營銷的角度來說，當市場問題出現時，要迅速擺脫困境，減少企業損失，變不利因素為有利因素，但這個過程非常複雜，操作稍有不慎，對企業的傷害非常大，甚至會引發企業倒閉的風險，所以，企業在處理風險事件上，常常使用金蟬脫殼這樣的謀略。

(2)**市場基礎**　產品在市場上具有一定的知名度。

(3)**產品定位**　產品類型適合市場的需求。

(4)**營銷目標**　轉化危機，樹立企業新品牌、新形象。

(5)**準備措施**　調查事件，密切聯繫事件的有關人事，特別關注媒體和當地政府的動態，制定應急處理預案。

⑹**措施實施** 取得媒體的支持，取得政府的信任，安撫受害者，提供小額度補償，尋找事件承擔者，轉嫁事件責任。企業要做好品牌調整和市場調整的備準。

【附 註】

註一 漢·司馬遷，《史記》（台北：宏業書局，民國七十九年十月十五日），頁一七四〇。詳見〈越王句踐世家〉。

註二 同註一，頁一七四〇～一七四一。

註三 同註一，頁一七四一。

註四 范揚松，〈范蠡內聖外王與基業長青——第五級領導力的社會實踐〉，詳見：范聖剛、范揚松，《商戰春秋陶朱公》（台北：聯合百科電子出版有限公司，二〇一九年十二月十五日），結論。

第二十二章　關門捉賊

「關門捉賊」另一俗說「關門打狗」，比喻集中優勢兵力，包圍、殲滅敵人，古今以來用這種「口袋」戰術創下不朽戰史甚多。《孫子兵法・謀攻篇》說：「故用兵之法，十則圍之，五則攻之，倍則分之，敵則能戰之……」。（註一）這是不同兵力狀況下採不同戰略，而若有十倍於敵人的兵力，則採包圍殲滅之戰。

但孫子在〈軍爭篇〉則說：「圍師必闕，窮寇勿追，此用兵之法也。」（註二）即說包圍敵人要留下缺口，避免敵困獸之鬥，誘其從缺口出來，再設去殲滅之。以上兩種都是「關門捉賊」，一種不留缺口圍殲之，一種留缺口誘敵出外而圍殲之。筆者以為，這必須視戰場上的「敵我天地水」之不同，而採不同戰法，兩者並無矛盾。

歷史上有很多驚天動地的「關門捉賊」大戰役，在吾中國，戰國時的「長平會戰」，秦將白起坑殺趙軍四十萬人；在現代，一九四四年，蘇聯朱可夫元帥在科爾松圍殲十萬德軍，都是永久被視為「經典教材」之戰史，關門捉賊的學問太大了！

第一節　范蠡與關門捉賊

關門捉賊基本操作時機模式

關門捉賊之計成敗在「關門」，必須把握住關門的三個環節：㈠預先選好有利戰場，如口袋地形；㈡誘敵入「門」，誘須有「餌」；㈢把「門」關緊，防止敵人突圍。這三個環節任一個出問題，就捉不到「賊」，無法達到殲敵之目的，可能帶來更嚴重的問題。

擒捕敵人而必須關門（完成包圍的戰略態勢），並不是擔心敵人出逃，而是擔心他逃逸後，反為他方所利用。再者要顧慮到，逃逸本身可能是一個陷阱，引誘我方吞餌上鈎，不可不慎。

對於如何圍殲敵人？留不留缺口？都要視雙方兵力而定。對於弱小而寡少的敵人，應毫不猶豫給予最大致命一擊；要是做不到，不如網開一面，切勿激起「狗急跳牆」，反陷己方於不利。

關門捉賊擴大運用時機模式

此計的擴大運用，時機和模式無所不在，千變萬化，在軍事、政治、外交、司法、商戰……「賊」就在每個人身邊。有時「賊」是一股不為我控制的力量，只是不斷來騷擾，使你軍心疲困，成為被別人捕捉的「賊」，這是必須小心反制的。

現代戰爭的「門」難「關」。現代戰爭是陸、海、空、天、配合高科技的總體戰、立體戰，就算敵人被包圍了，依然「上天有路、入地有門」。難度雖高，但只要高明設計，關門捉賊還是能做到。

在國際上，強權爭霸，從古至今就愛用「關門捉賊」，過去三十多年來，美國對中國進行「C形包圍」。（註三）中國從美國後院（中南美）突圍，而近十年來，「一帶一路」已全面瓦解了「C形包圍」。本來美國企圖將中國當「賊」捕捉，未來美國恐淪為「賊」被各「次強權」捕捉分食。

范蠡的關門捉賊

研究范蠡人生大業裡「興越滅吳」之部，從關門捉賊的思維邏輯切入分析，他要捉的「賊」，就國家言是吳國，就人物言是吳王夫差。為捉此賊，他建設了三道「門」，大中小不同範圍的「門」，依不同時機將此門「關閉」，捕殺巨賊，簡述此三道門。

第一、對吳國進行大戰略「C形包圍」。大戰略是建立同盟力量，藉以創造與運用有利狀況之藝術，俾得在爭取同盟目標時，能獲得最大之成功公算與有利效果。（註四）范蠡是有高度國際觀的人，他自然能經由國際關係爭取所要之利。從越國「結齊、親楚、附晉」政策看，頗似現代美國對中國進行的「C形包圍」，且對吳國產生了「關門」之危險。這可從伍子胥對夫差的一段諫言得證之。（註五）

> 臣聞勾踐食不重味，與百姓同苦樂；又遣使結齊晉而親於楚，是勾踐不死，必為吳患，必起兵伐越。

夫差就算是一頭死豬，聽到伍子胥說越國「結齊晉而親於楚」，他馬上就「活」了過來，覺得伍子胥說的對，準備要起兵伐越。越在吳有情報人員，伯嚭又是親越，他適時也對夫差說「越不足為患」，范蠡很快派使者到吳向夫差表達恭順之心。夫差又推翻了伍子胥的諫言，而越對吳的「C形包圍」持續著。到了「第二階段作戰；越滅吳之戰」（註六）時，楚國使者申包胥到越國訪問。（註：申包胥和伍子胥是「朋友」，也是死對頭，伍子胥志在亡楚，申包胥志在興楚）。（註七）申包胥和勾踐的對話。（註八）

王又曰：越國南親楚，西結晉，北結齊，春秋皮幣玉帛子女，以賓服焉，未嘗敢絕，求以報吳，願以此戰。

胥對曰：「善哉，無以加焉」。蓋由包胥之意，越以小敵大，以弱擊強，非在外交上獲取優勢，不足以取勝於吳也。

胥又曰：夫戰，智為始，仁次之，勇次之。不智則不知民之極，無以銓度天下之眾賓；不仁則不能與三軍共饑勞之殃；不勇則不能斷疑以決大計。

王　曰：然！

按楚國使者申包胥之意，越吳之戰，越以小敵大，以弱擊強，非在外交獲取優勢，不足以取勝於吳。而包胥對越採行「C形包圍」產生的效果，將吳國「關起來」，顯然是持肯定態度。惟包胥提示勾踐，要在這場戰爭取勝，除著眼於國際大戰略對吳國進行大包圍，也要在智、仁、勇三方面下功夫。

第二、從吳國內部人事對吳王夫差進行大包圍。越王君臣透過收買、賄賂手段，使吳之太宰伯嚭成為「親越份子」，乃至「越國代言人、內應」均是。吳國政局分兩派，「伯嚭派」和「伍子胥派」，伯嚭派勢力強大，最後伍子胥孤立至死。夫差等於被「親越派」大包圍，他的感情又被西施包圍，夫差被關的死死，連「缺口」也沒有，毫無生機。

第三、最後的收尾「關門捉賊」。范蠡的滅吳之戰持續到周元王三年（前四七三年）底，越軍將吳王夫差圍困在天隧（吳縣姑蘇山之北側）。勾踐心軟要原諒夫差，但范蠡堅持反對，誓必滅吳，迫使夫差自殺，吳國滅。范蠡的「關門捉賊」，取得完勝大成。

第二節　關門捉賊之理論、詮釋與舉例說明

混戰計

第二十二計：關門捉賊

【原　文】

小敵困之①，剝，不利有攸往②。

【按　語】

捉賊而必關門，非恐其逸也，恐其逸而為他人所得也；且逸者不可復追，恐其誘也。賊者，奇兵也，游兵也，所以勞我者也。吳子曰：「今使一死賊，伏於曠野，千人追之，莫不梟視狼顧。何者？恐其暴起而害己也。是以一人投命，足懼千夫。」追賊者，賊有脫逃之機，勢必死鬥；若斷其去路，則成擒矣。故小敵必困之，不能，則放之可也。

【注　解】

①小敵困之　對弱小或都數量較少的敵人，要設法去圍困（或說是殲滅）他。

②剝，不利有攸往　語出《易經・剝》卦。剝，卦名。本卦異卦相疊（坤下艮上），上卦為艮為山，下卦為坤為地。意即廣闊無邊的大地在吞沒山，故卦名曰「剝」。「剝」，落的意思。卦辭：「剝，不利攸往。」意為：剝卦說，有所往則不利。即有剝落之象的，雖然弱小，也能突然變得剛強起來，因而對他不利於急追遠趕。

【譯　文】

對付於弱小的敵人，應該要包圍起來殲滅。對付作垂死掙扎的小股敵人力量，雖然力量薄弱，但行動靈活自由，詭詐難防，不宜窮追不捨，那是很不利的。正所謂《易經・剝卦》：「剝，剝也，柔變剛也，不利有攸往，小人長也。」意即有剝落之象的情況，雖弱小，也能突然剛強起來，因而對他不宜窮追猛趕。

按：捉賊必須關上門，不是怕他逃走，而是怕他逃走後，再去叫救兵。況且，對於逃走的人不可以再追趕，這是為了不中他的誘兵之計。所謂賊，是指突然來襲擊的隊伍、出沒無常的隊伍。他們的目的，是使我方疲勞不堪，以實現他們的企圖。兵書《吳子》寫道：「現在讓一個亡命之徒隱藏到廣大的原野裡，一千人去追逐他，也不免要視而不見，多作顧慮。什麼原因呢？害怕對方突然襲擊而傷害自己。所以只要有一個人不怕死，他就可以叫一千個人害怕。」

追趕盜賊這件事，如果他發現有逃掉的機會，他必然要拼命去格鬥。如果截斷他的去路，強盜就一定要被擒住了。所以對待弱小的敵人，必須加以包圍、殲滅；如果辦不到，暫時放他逃走，也未嘗不可，但是不可窮追遠趕。

（《吳子》是古代兵書名。為戰國吳起（?～公元前三八一年）所著。吳起為戰國初年，傑出卓越的政法家與軍事家。衛國人。吳起任楚國的令尹（宰相）時，楚國因而富強，後來被貴族所殺。他所著的《吳起》四十八篇業已散失，一般認為現存的《吳子》是後人偽託之作。）

【出處】

此計依據《草廬征略‧遊兵》：「遊兵者，不定之謂也。士必果敢敏銳，騎士超捷，為將悍勇，善於應變。時而東，時而西，時而出，時而沒。敵怒時則引退，敵倦而息時，則臨而擾之。忽擊其左，忽擊其右，忽擊其前，忽擊其後，乘其懈怠無備時加以攻擊，倉卒間使無法救難。掠奪其穀食，焚燒其倉聚，劫奪其輜重，襲擊其要城，取其別營，絕其便道。或朝或暮，乘間伺隙加以利用，飄忽迅速，不留蹤跡。為我軍之聲援（有力之支援力），而為敵之後患。使敵腹背均患，進退維谷，不難剪除。全勝之策之一也。」

另一計源說法是，此計名為相傳已久的民間俗語，其義不言自明。它與民間俗語「關門打狗」、「請君入甕」的意義相近。

【成功關鍵因素】

由大到小的戰法：此計是由大範圍至小範圍的方式步步逼近，對小敵要採取包圍與殲滅的戰術，不能忽視這些敵兵的作用，對他們要採取相對應措施。運用「關門捉賊」之計要注意靈活多變的情況，因為所適用的交戰敵人本身具有多變性。因此，必須著眼全局，統籌謀劃，適用於較大的幅度內施用。再者，「關門」的動作要迅速隱蔽，使對方猝不及防，待我方收攏網口時，對方早已失去逃跑的機會。

混戰計之別：所謂「關門捉賊」就是攻擊被包圍的敵人，予以一網打盡的策略，與前面第十六計「欲擒故縱」是完全相反的。就觀念而言，若前者為曲線式，則此策略就是直線式的。實施此計時須有兩個前提：一，當敵人為少數且衰弱時，若對方兵勢強大或充滿鬥志，則不可使用此計，因為就算使用也不一定會成功。二，若讓對方逃走將成為來日的禍根時，就必須徹底予以殲滅。

【歷史案例】：秦軍殺趙　誘而圍之

戰國後期，秦國攻打趙國，秦軍在長平（今山西高平北）受阻。長平守將為趙國名將廉頗，他知道秦軍勢力強大，便命部隊固守防衛，先不與秦軍交戰。兩軍僵持四個多月，秦軍仍攻不下長平。於是秦王便採納范睢之見，使用「離間法」，讓趙王對廉頗產生懷疑，趙王中計，緊急調回廉頗而派趙括為將，其策略主張與秦軍迎面決戰。

秦將白起故意先讓趙括輕嘗甜頭，使趙括的軍隊取得幾次小勝利。果然，趙括開始得意忘形了起來，派人至秦營下戰帖。如此，趙括正中了白起的下懷，他兵分幾路，指揮形成對趙括軍隊的包圍。

次日，趙括率領四十萬大軍與秦兵決戰，秦軍與趙軍幾次交戰都吃了敗戰。趙括滿心歡喜卻不知道已中對方的誘敵之計。趙括的大軍追趕秦軍至秦營，秦軍堅守不出，趙括一連數日也攻克不了，只得先行退兵。此時趙括卻突然得知：自己的後營已被秦軍攻占，糧道也被秦軍截斷，秦軍已把趙軍全包圍起來。

於是一連四十六天，趙軍絕糧，士兵竟殺人相食，趙括只得拼命突圍。此時，白起早已嚴密部署擊退了企圖突圍的趙軍，最後，趙括中箭身亡，趙軍內部大亂，四十萬大軍也都被秦軍所殺。而趙括其實只會「紙上談兵」而已，在真正的戰場上，一下子就中了敵軍的「關門捉賊」之計，使趙國損失了四十萬大軍，從此也一蹶不振。

【現代案例】：緊閉心門　少數戰勝多數

美國刑事審判制度中，有一大特色是陪審團，由六人或十二人組成的陪審團裡，在審判過程中聽取原、被告雙方的陳述，證人的證詞，及查看證據，並聽取法官對法律的解釋，最後在刑事案件中作出被告是否有罪的裁決。另外，可從當地居民中挑選產生陪審員，通過宣誓組成陪審團來調查被告的罪行。而事實上，這些陪審員也成為了案件的判決者。

在美國西部的鄉鎮裡，有一個由十二位農民組成的陪審團。一次，陪審團又處理了一個案件，但十二名陪審團中，有十一團員認為當事人有罪，獨獨只有一人認為是無罪。

美國各州的法律不盡相同，但依當地的法律制定，陪審團除了可以決定案件的事實性問題，另外還有權利判定當事人是否有罪。不過判定的前提是，這個陪審團的意見理由必須一致相同，即使有一人不同意，該案件就無法做出最後真正的判決。

但是這次的案件，其他十一名陪審團員一再設法苦心地勸導他，好使他與大家取得共識後趕快結案，因為根據法律規定，若陪審團沒有作出最後的判決，是不能隨意散會的。時間過去了好久，但是那個人依舊堅持己見。

此時，外頭的氣候突然變天，又是烏雲、又是大風，看起來像要興風作浪的暴雨即將來臨。這些陪審團都是農民們，一心想要趕快結束案件，快快回去將曝曬在院子裡的穀物收入屋內，不然一年的收穫可能就會泡湯了。不過，那位堅持己見的老兄，態度卻更加地堅決強硬。他說：「我認為我對於這個案件的判定是對的！若你們不同意我看法，大家就別想回家吧。」面對一陣陣的僵持不下，氣候愈晚是愈為惡劣，突然，有團員忍不住大叫：「你不改變主意，那我改變主意可以了吧！」因為大家都想趕快回家去收穀物，於是其他成員也趕緊紛紛改變決定，最後決議一致，法官判定當事人無罪。

雖然是少數要服從多數，但其實有時勢單力薄，一般還是難以服眾。此時，「關門」或是「捉賊」都要把握最精要的時機。堅持無罪的陪審團員利用天候變化的好時機，將暴雨來臨前的時間煎熬化為心理上無形的「門」，但他一再將這道門牢牢的「關」閉，不肯改變自己的主張，預備（捉賊）回收這些人附和他的決定。最後，因為時間的迫使，終於讓多數服從少數，陪審團成員最後與他同為意見，宣判結案。

可見關門捉賊戰略上的手法，不單是指實際上「空間」的包圍，也可指「心理」上圍困。不過，通常心理的上的戰爭是最難熬，也是最快有結果的。

第三節 關門捉賊情境：關鍵、執行與練習

美國在操弄「關門捉賊」，在中國之北、西、南進行「C形包圍」，在西太平洋則以「花彩列島」之線封鎖中國，加上操弄「台獨」，企圖永久分裂中國。然而，都已因中國崛起，以「一帶一路」突破封鎖，未來中共不僅對美國反封鎖，且加緊封關台灣，以便捉拿漢賊不兩立之「賊」。台灣從「漢」走成「賊」，悲哀！

關門捉賊之計，可大用，亦可小玩，善為用心，無往不利。以下再從關鍵要素、執行問題和九宮格練習，提供檢討反思，深化學習效果。

關門捉賊要素及反思

——與十六計「欲擒故縱」完全相反

1.關鍵要素：

- 掌握大中小環境節節進逼。
- 對手很軟弱，被分割或分散。
- 利用這個時機包圍對手，防止他逃逸。
- 避免直接攻擊，逐步迫使對手就範。
- 他猝不及防，收網要快！

2.執行的問題：

- 你阻止對手採取什麼活動？他構成什麼威脅？
- 計算關門的最佳時機了嗎？
- 你對對手具有什麼影響力？
- 你怎樣來抑制對手行動？
- 最終要對方做何種讓步？
- 這種方式的結果是什麼？

3.執行關門捉賊的自主練習九宮格

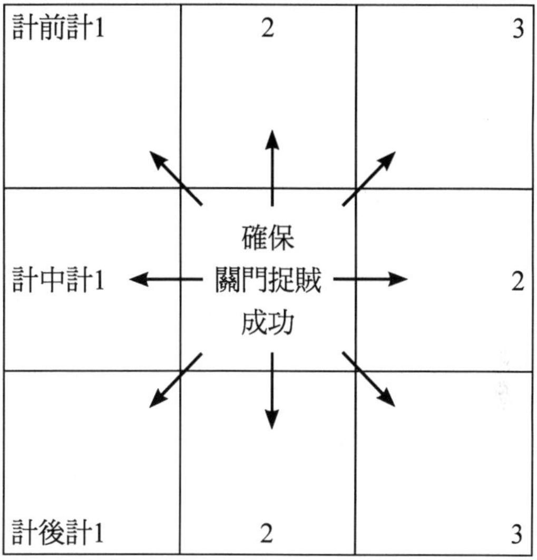

小結

(1)應用特性　當競爭對手的產品到自己的市場來競爭的時候，自己的市場具有不能放棄的重要性（比如工廠所在地市場或者總部市場），這時企業需要採取果斷的市場措施。首先調查對方的經銷商、零售商、產品品種、定價、市場存貨量和返利額度等，待到銷售季節到來的時候，立刻開展規模性促銷，包括有獎促銷、返利促銷等方式，造成對方產品無法銷售，行動的要訣是隱秘、迅速、出其不意。

從營銷的角度來說，關門捉賊是以強欺弱的謀略，但是，即使己方實力再強，也不要逼迫對手拼死反抗，否則，殺敵一千，自傷三百。企業應該了解市場存在的對自己有利的因素，並且要不斷創立有利於企業營銷的市場氛圍，充分利用可以利用的資源，當競爭對手來到的時候，造成一種不利於其產品營銷的氣氛，利用主觀和客觀條件，圍困競爭對手。

(2)**市場基礎** 企業產品在市場上占有一定的市場份額，有知名度。

(3)**產品定位** 維持企業的產品定位與形象。

(4)**營銷目標** 從流通的角度，控制生產企業的市場行為，使生產企業服從流通企業的發展布局。

(5)**準備措施** 調查市場，調查產品的銷售困難的原因，準備合作條件，準備接手市場。

(6)**措施實施** 控制零售商，控制工廠的終端營銷行為，和工廠建立新的合作關係。

【附　註】

註一　可見任何一本《孫子兵法》，本章按：魏汝霖註譯，《孫子今註今譯》（台北：台灣商務印書館股份有限公司，民國七十六年四月，終訂三版），〈謀攻篇第三〉。

註二　同註一，見〈軍爭篇第七〉。

註三　戴旭，《C形包圍：內憂外患下的中國突圍》（北京：長江文藝出版社，二〇一七年十二月一日）。戴旭是中國解放軍空軍上校，該書論述美國對中國的大戰略包圍。

註四　陳福成，《國家安全與戰略關係》（台北：時英出版社，二〇〇〇年三月），第五章，第一節。

註五　《中國歷代戰爭史》（第二冊）（台北：黎明文化事業股份有限公司，民國六十五年十月），頁六三～六四。

註六　陳福成，《大兵法家范蠡研究》（台北：文史哲出版社，二〇一八年二月，增訂再版），第七章。

註七　陳福成，《孫子實戰經驗研究》（台北：黎明文化事業股份有限公司，二〇〇三年七月），相關章節。

註八　同註五，頁六九～七〇。

第二十三章 遠交近攻

若無范雎的「遠交近攻」之策，中國的戰國時代恐再拖五百年，乃至如同今之歐洲，永久分裂成幾十個國家。中國大地上就有打不完的戰爭，禮讚范雎啊！

春秋五霸、戰國七雄，長期維持著「恐怖平衡」，沒有一個超強國力可以統一天下，也沒有任何國家樂見一強獨大。因而形成長達五百年的戰亂，持續「穩定的亂局」。到了戰國後期，合縱與連橫試圖打破僵局，但也都無能為力。

范雎（註一）把合縱連橫提升到更高層次，使戰力使用效率也提高，那便是「遠交近攻」。范雎從地緣戰略關係考察敵人，把敵人分遠敵和近敵兩種。依據「利從近取，害以遠隔」之道理，近敵攻之，遠敵和之。換言之，把當時九個敵人（周、魯、楚、齊、魏、趙、韓、燕、衛），每次僅設定一個敵人，其餘八個盟友。一次鎖定一個敵人，全力攻之，隔絕了合縱連橫的干擾，逐一蠶食各國，完成中國之統一。

遠交近攻是一種列國爭雄的大戰略，但對幾乎所有人都玩不起，沒有機會玩。只眼睜睜看各國大統領玩的不亦樂乎，如是遠交近攻對你我常民百姓尚有何用？

第一節　范蠡與遠交近攻

遠交近攻基本操作時機模式

遠交近攻除用於強權爭霸、統一戰爭等，可用於人生公私各領域。此處，從遠攻、遠交、近攻、近交四種模式，進行逆向詮釋：㈠遠攻的不利，勞民傷財，風險很高，各家兵法論述已多。㈡遠交之利，先期分化敵人，孤立近敵，為日後攻佔目標做準備。

㈢近交的不利，近交之友突然翻臉成敵人，就是臥榻旁的危機，近交也是束縛，遲早要衝破這層阻礙。㈣近攻之利，較節約各項資源，便於機動和集中力量攻取目標，新攻取的目標也利於守護和利用。

「遠」和「近」意涵多元：㈠地理位置上的遠近；㈡從利益關係看，「遠」是間接或長遠利益，「近」是直接可得或近期利益；㈢從組織關係看，「遠」是組織之外部，「近」是組織之內部；㈣從影響範圍看，「遠」是不能直接控制的人和事，「近」是可以直接控制的人和事。

遠交近攻擴大運用時機模式

不論擴大到任何領域之運用，遠交近攻要遵守的第一個原則，同一時間不樹立兩個敵人。即同一時期只追尋一個主目標（針對一個對象打一場戰爭），超強如美國，其國防政策始終把握「同一時間不打兩場戰爭」。其實，用於經商或追尋任何人生理想，應如是才有成功公算。

對於想要達成的目標，若受到遠近條件的制約時，應先攻取就近目標為有利，捨近攻遠則有害。當攻取一個目標（敵人）時，其餘目標都是盟友。

在混亂的局勢中，各方定是隔岸觀火或渾水摸魚等，不外都在圖謀如何取利！乃至縱橫捭闔，彼此拉攏分化，都是常態。此時，遠方目標暫時以利籠絡，結為友好，才不干擾我方攻取近程目標。

范蠡的遠交近攻

從最高的頂層俯觀眾生，皆在爭名求利，謀取一個最佳「位置」，或名之曰：「自我實現」。最終能在歷史上穿透時空，受每一代人頂禮者幾稀？范蠡竟成商聖、財神，《史記》為他的人生總結讚曰：（註二）

> 故范蠡三遷，成名於天下，非苟去而已，所止必成名。卒老死於陶……皆有榮名，名垂後世。臣主若此，欲毋顯得乎！

這是太史公為范蠡總結一生的春秋定位。為什麼他「所止必成名」？他到任何地方做任何事必能成功立業，居官致卿相，居家致千金。太史公用所止「必」成名，這「必」字太肯定，即是說「必」無失敗，從「遠交近攻」的幾項基本法則論述其必勝之道。

第一、同一時期僅追求一個「主目標」。人生各階段都會有不同目標，但總目標只有一個。例如，有人立志當老師，這是總目標，先要考上大學是階段目標，范蠡的

人生總目標並不是經商，證據就在他未滿十八歲時，文種三顧到訪，他對文種說的一段話。（註三）

君子達時，不入仇邦，忌反攻其敵國也。為雪今日之恥，而又不失故國之親，其往越乎？……然越與吳，同風共俗，霸業創立，非吳即越，君如去越，蠡願隨供犬馬之後。

范蠡的「仇邦」是吳國，故國（祖國）是楚國，此時他的人生總目標是到越國創立霸業，這「霸業」乃驚天動地的事業。是什麼？應該就是以越國力量消滅仇邦，永久解除祖國的後患。所以，在越國創立霸業，當楚國的民族英雄，是范蠡的人生總目標，經商是中年以後的次要目標。意外的是，次要目標的成就，使他成聖成神。

范蠡到了越國後，一直到滅吳的幾十年，始終嚴守追尋一個「主目標」之原則，即「興越滅吳」，所有的政策，所有的起落，都為支持主目標，從未動搖，也從未偏離主目標的路線。

第二、遠交近攻的經商法則。范蠡的人生第二階段，也始終嚴守做為一個「良賈」的本份，初到齊國以賣鹽起家，就近先「攻取」萊州灣鹽民，遠方的秦、魯、鄭等國亦逐步建立合作關係。後世研究他的市場為何擴張如此之快？他著眼於當下可以直接獲得之利，是「逐什一之利、微利是圖，無敢居貴」；因而很她可以佔有遠方未來更大之利，此乃「薄利多銷，擴大市場」。（註四）遠交近攻的第一守則是一個時期只針對一個目標，齊王要請他當宰相，他也不要，他的主目標就是經商。

第三、范蠡「經商十八法」中的遠交近攻思維。流傳數千年的范蠡經商大法十八條，其㈠生意要勤快，切勿懶惰，懶惰則百事廢。㈡議價要訂明，切勿含糊，含糊則爭執多……（註五）凡此，隱涵遠交近攻的大智慧，深思確如是，惟絕大多數人以為這麼「簡單」，不值一看！正是所謂「老牛視青草，智者看是寶」。

回顧范蠡「興越滅吳」的整個過程，在「興越」這方面，使勾踐臥薪嘗膽，進行政治改革，建軍備戰；繁殖人口，以裕兵源；以實人才，收攬民心。（註六）這是近攻，可就近直接建設之國家利益。

在「滅吳」方面，在國際大戰略上，范蠡進行「結齊、親楚、附晉」，並誘導吳王夫差北進中原爭霸，毫損其國力。（註七）這是遠交，從間接、長遠的視野，追求國家永久之利益。

第二節　遠交近攻之理論、詮釋與舉例說明

混戰計

第二十三計：遠交近攻

【原　文】

形禁勢格①，利從近取②，害以遠隔。上火下澤③。

【說　明】

混戰之局，縱橫捭闔之中，各自取利。遠不可攻。而可以利相結；近者交之，反使變生肘腋。范睢之謀，為地理之定則，其理甚明。

【注　解】

①**形禁勢格**　禁，禁止。格，阻礙、限制。語出《孫子吳起列傳》，這是指受到地勢的限制和阻礙。

②**利從近取，害以遠離**　其意為，先攻取就的敵人有利，越過近敵，先去攻打遠方的敵人是有害處的。

③上火下澤　火焰向上延伸，池水向下流倘；志趣不相同的，也可以暫時聯合。語出《易經・睽》卦。睽，卦名。本卦為異卦相疊（兌下離上）。上卦為離為火，下封為兌為澤。上離下澤，是水火相剋，水火相剋則又可相生，循環無窮。又「睽」，乖違，即矛盾。本卦《彖》辭：「上火下澤，睽。」意為上火下澤，兩相離違，矛盾。

【譯文】

凡是受到地理形勢的限制時，攻取鄰邊的敵方，較有利益；攻擊遠處的敵人，便較有害處。火苗向上冒，池水向下流，同是敵方，策略是可以依情況不同的。

事物之間互相聯繫，又互相制約。人要善於利用這些矛盾，從近處獲取利益，以遠距離隔斷對自已的危害。「上火下澤」是取之於《易・睽》卦：「上火下澤，睽。君子以同而異。」所指出的是，火焰向上，水流向下，因其相反，故能相成，即是水火相克之象。

按：在混亂攻戰的局勢中，是不擇手段，隨機應變，各自爭奪利益的。遠隔敵人不要去攻擊，可以運用利益和它結交為友；鄰近的邦國不要結交，因為反而會使爭亂發生在近處。戰國時，范雎的謀略，就是以地理相距的遠近，作為結交和攻擊的標準，他的道理是十分清楚的。

肘和腋：肘，胳膊的上下肢；腋，胳肢窩。在此處比喻鄰近、迫近的地方。

范雎：戰國時代人，魏國人，字叔，曾改名為張祿。入秦後，游說秦昭王驅逐了專權的外戚，官拜相國，因為封地在應（今河南寶豐），故有應侯的名號。其訂下「遠交近攻」的策略，陸續毀滅六國，秦國因而統一天下版圖。

【出處】

此計源於《戰國策・秦策》：「范雎曰『王不如遠交而近攻，得寸土，則王之寸土，得尺土，亦王之尺土也』」這是范雎說服秦王的一句名言。遠交近攻，是分化瓦解敵方聯盟各個擊破，結交遠離自己的國家，而先攻打鄰國的戰略性謀略，范雎從政治和軍事戰略的高度分析遠交近攻的利益，並得到至極的效果。

【成功關鍵因素】

合縱與連橫：「遠交近攻」也是合縱與連橫的運用。所謂合縱者，乃是互助合作而組織的意思；連橫者乃是聯合起來並加以組織起來。因此古人言：「縱成立霸，橫成必王」即為此意。採取遠交的最大原因，主要是基於軍事上的不便，旨在分化瓦解敵方聯盟和各個擊破點。在混戰局面中，任何人可能不擇手段，反叛我方，隨機應變地奪取自我的利益。因此，對遠國不加以攻擊，寧願以利益引誘，共謀良好外交關係。但對於近鄰邦，如果結成友國，反而有肘生腋變的危險。

商場上的距離：另外，「遠交近攻」的遠近，指的不一定是地理上的距離，在推銷中，這種遠近，更多是指顧客對你的推銷所做出的反應。依據「遠交近攻」策略，應該按照客戶的態度做出不同的反應來，或者是「當頭棒喝」，如此都是為了能儘快征服顧客、成交生意。

時局的應變：做生意的人都知道，商場上有言：「沒有永遠的朋友，沒有永遠的敵人，只有永恆的利益。」正因如此，在商場如戰場的競爭中，商家們才會不厭其煩地運用遠交近攻的謀略，為了本身的利益，常常不斷變更「遠交」的盟友，也不停轉換「近攻」的對象。

【歷史案例】：秦國遠交近攻統一中國

戰國末期，七雄爭霸。秦國經商鞅變法後，勢力發展最為迅速。秦昭王開始圖謀吞併六國，獨霸中原。西元前二七〇年，秦昭王準備興兵伐齊。范雎此時向昭王獻上「遠交近攻」之策，阻止秦國攻齊。他的理由是：「齊國勢力強大，離秦國很遠，而攻打齊國時，部隊要經過韓、魏兩國。軍隊派遣少的話，難以取勝；多派軍隊，打了勝戰也無法占有齊國土地。不如先攻打鄰國韓、魏兩國，逐步推進前移。」

為了防止齊國與韓、魏結盟，秦昭王派使者主動與齊國結盟。其後四十八年，秦始皇繼續堅持「遠交近攻」之策略，按照范雎的設想而推行的軍事和外交政策：遠交齊、楚，首先攻下韓、魏，然後又從兩翼進兵，攻破趙、燕，統一北方；攻破楚國，平定南方。在不斷擴大領土的同時，穩住了東方大國——齊國，並逐漸蠶食了東方六國，終將把齊國也併吞。秦始皇征戰十年，實現了統一中國版圖的雄志。

【現代案例】：包玉剛遠交李嘉誠　奪得九龍倉

英國資本集團與華人資本集團為香港實業界的兩大資本集團，當香港為英國殖民地時，許多行業都是由英國資本集團壟斷，直至六〇年代香港經濟起飛，華人資本逐漸雄厚，兩者的競爭一一浮上檯面。

九龍倉是香港最大的碼頭，只有掌握九龍倉，就等於擁有了香港大部分貨物裝卸和儲備業務。當時，世界船王包玉剛、香港首富李嘉誠等人，都想自怡和洋行手中拿下九龍倉。

包玉剛仔細分析了競爭態勢，不管是哪一方直接與怡和洋行硬拚，根本毫無優勢可得，但是若與他人聯盟，局勢將大為不同。他還知道，李嘉誠同時在和別人爭奪同屬英資集團的和記黃埔，且和記黃埔對他來說更有吸引力，因此，包玉剛覺得李嘉誠與自己的利益衝突較小，決定聯合李嘉誠。

包玉剛與李嘉誠協議，他拋出和記黃埔的九千萬股股票給李嘉誠，增加他的競爭力，李嘉誠則將自己的兩千萬股九龍倉股票轉讓給包玉剛。於是，包玉剛掌握了二〇％的九龍倉股票，進入了董事會，並開始收購更大量的股票，最後憑著優勢條件，包玉剛成功奪下九龍倉。

包玉剛依據與自己利益衝突的大小，將李嘉誠列為「遠敵」，而把怡和洋行列為「近敵」，聯合李嘉誠對付怡和洋行，施行「遠交近攻」之計達到目的。

第三節　遠交近攻情境：關鍵、執行與練習

千萬不要以為現在是「地球村」，已無所謂遠近了。地球村科技一日千里，人與人疏離越來越遠，人和社會的信用都在複雜退化中。遠交近攻的時機和模式，可能比冷兵器時代更難把握，但無論如何！可直接控制的近利，先「吃」先贏，遠的要有耐心慢慢經營。

遠交近攻可以做商場競爭的指導要綱，也可以當成生涯規劃的行動準則，成為個人思想哲學的特色法門。再從關鍵要素、執行問題和九宮格練習，進行學習反思，強化運用效果。

遠交近攻要素及反思
——一種「各個擊破」的計謀

1. 關鍵要素：

・先分化敵方陣營或合作。
・與遠方反軍結盟，發動攻勢。
・攻勢配合同時利益相結合。
・攻擊近邊敵軍，從內部開始。
・各個擊破，逐一掌握勝利。

2. 執行的問題：

・盡可能多地列舉對手或對手類型。
・對每個對手，找出至少一個你能分享的共同目標。
・根據與你結盟的興趣程度，區分每個對手或對手類型（即，高度、中度或低度聯盟）。

- 你怎樣同每個對手／對手類型合作或結盟？
- 你們共同攻擊誰？
- 你們想共同成就什麼？

3. 執行遠交近攻自主練習九宮格

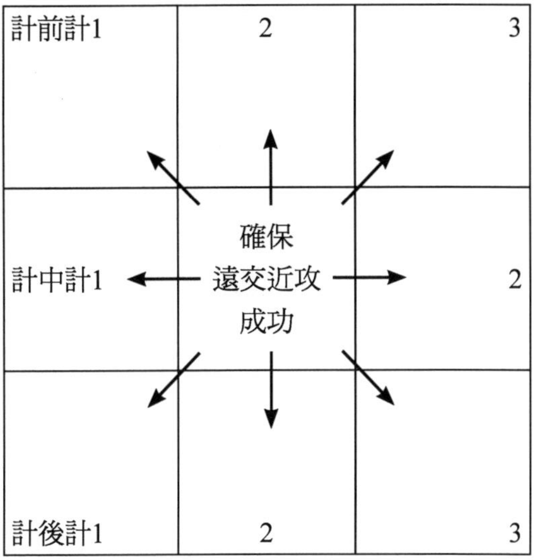

小結

(1)**應用特性** 不同區域的經銷商的地理位置十分重要，涉及營銷成本、運費、營銷關係協調等一系列問題。遠交可以體現在對經銷商合作的態度上，儘量提供優惠和扶持政策，建立良好的客戶關係；近攻也可以體現在經銷商方面，對於經銷商不利於本企業的經銷行為要嚴格控制，甚至直接控制到基層經銷商或者零售商，如果發現合作出現問題，要立刻解決。

從營銷的角度來說，市場距離企業越近，營銷的配套條件就越好、越有利。企業處理周邊市場營銷的時候也會發現一些難題，比如市場比較混亂，經銷商利潤很薄，零售商沒有積極性等。由於大家都能夠較完全地接收到工廠的信息，工廠管理市場比較困難，因此，企業對於貼近自己的市場應該採取強硬的網絡營銷模式，控制經銷商和零售商的營銷行為；而在較遠的市場上，則儘量滿足經銷商的需求，配合經銷商開展市場營銷。遠交近攻是企業進行市場布局和調整營銷戰略時可以參考的謀略。

(2)**市場基礎** 市場是產品的主要市場，產品具有品牌基礎。

(3)產品定位 保持產品的名牌定位。

(4)營銷目標 持續開發周邊市場，向周邊市場要銷量。採取新型合作方式，緊密團結邊緣市場的經銷商，開展細化營銷。

(5)準備措施 制定新型營銷方案，制定新型經銷商合作方案。

(6)措施實施 整合周邊市場的經銷商，整合周邊市場的經營秩序，保證零售商的基本利益，開展細緻營銷。

【附 註】

註一 范睢，戰國魏人，字叔，曾化名張祿，山西芮城人。入秦游說昭王，驅逐專權的外戚。周赧王四十九年（前二六六），被任命為相國，封于應（今河南寶豐），因稱應侯。建議秦王以「遠交近攻」之策，先後擊滅六個大國，完成中國統一，此後統一成為中國歷史之常規。

註二 漢．司馬遷，《史記》（台北：宏業書局，民國七十九年十月十五日），頁一七五五～一七五六。

註三 漢．袁康、吳平撰，今人楊家駱主編，《越絕書》（台北：世界書局，民國五十一年十一月），初版，第七卷。

註四　范聖剛、范揚松，《商戰春香陶朱公》（台北：聯合百科電子出版有限公司，二〇一九年十二月十五日），第二篇，第五章。

註五　同註四，第二篇，第九章。

註六　陳福成，《大兵法家范蠡研究》（台北：文史哲出版社，二〇一八年二月，增訂再版），第五章。

註七　同註六，第六章。

第二十四章　假道伐虢

春秋時代的晉國想吞併鄰近兩小國：虞和虢。（註一）但這兩小國關係不錯，會相互援助。晉國大臣荀息向晉獻公獻計說：「要并吞這兩國，要先離間他們，使他們不互相支援。虞國國君生性很貪，可投其所好，建議獻公拿出兩件寶物，屈產良馬和垂棘之璧，送給虞公。」晉獻公不捨。荀息又說：「大王放心，只叫他暫時保管，等滅了虞國，一切又回到你手中了。」獻公依計而行，虞公得了寶物高興得嘴都合不攏。

晉國故意在晉、虢邊境製造事端，找到伐虢的藉口。晉要求虞公借道伐虢，虞公得了晉國好處，只好答應，有大臣諫說不可，虞公說；「交一個弱朋友去得罪強大的朋友，才是不好。」

晉軍通過虞國境，攻打虢國，很快完勝。但晉軍大將里克此時裝病，稱暫不能率軍回國，只得駐軍在虞都附近，虞公也不疑。幾天後，晉獻公率大軍來，虞公出城迎接，獻公約虞公去打獵。就在此刻，晉國大將軍克已攻佔了虞國都城，如是，晉國以「假道伐虢」之計，輕易滅了兩個小國。

假道伐虢，乃古今國際上強國併吞小國常用的策略，亦是叢林遊戲中，大吃小，強吞弱常有的計謀。尤其處於兩強間的弱勢者，正是此計使用的對象。中外史例如：孔明氣死周瑜、苻堅先救燕再滅燕、沙俄蹂躪波蘭、蘇聯入侵捷克等都是。基本上，假道伐虢是強人大哥的工具，或大智者（如智聖孔明）能使之奇謀。

第一節　范蠡與假道伐虢

假道伐虢基本操作時機模式

假道伐虢有四個核心意函（時機模式的創造）：㈠聯盟戰略與反聯盟（後述）；㈡借水行舟，條件不具備時，「借」外力行之；㈢借機滲透，時機成熟時，自己勢力巧妙滲透到對方陣營，達到控制對方之目的；㈣一箭雙鵰，出手一次獲兩種利益，如晉一次出兵滅虞虢兩國。

處在兩強對峙下的弱小勢力（如台灣），如果受到一方威脅，被迫屈從時，另一強者會趁機出兵援助，目的在從中取利。處於困境中的弱小，若急於求援，應出兵援救，這是擴張勢力（統一或吞滅之）的大好時機。

假道伐虢擴大運用時機模式

從古代的合縱、連橫、遠交近攻等，本質上都是聯盟與反聯盟的操作，乃至到現在的「北約」、前「華沙公約」……都是大國和小國在玩「假道伐虢」的遊戲。弱小要存活必須結盟，強者爭雄也要結盟，同時盡其所能反聯盟（即破壞對手的結盟）。

聯盟與反聯盟者，無不以正義為名，骨子裡都為謀利，個人、集團或國家利益，這是正反兩股勢力的動因。準此來評判古今戰爭，或你也想發動一場「戰爭」，你內心較能清楚明白，有多少成功公算？甚至一箭雙鵰（一次出手獲多重利益）。

孫子在〈軍爭篇〉說：「兵以詐立，以利動，以分合為變者也。」另〈九變篇〉說：「屈諸侯者以害，役諸侯者以業，趨諸侯者以利。」（註二）即論述聯盟與反聯盟戰略，強者與弱者都要懂得結盟戰略，不結盟終將成為「孤家寡人」；而結盟了，也不保證安全有效期多久，可能一夜間被對手的反聯盟瓦解，覬覦者無所不在，專吃那些自滿自大又疏忽者。

范蠡的假道伐虢

范蠡的智慧基因裡，有幾種元素對假道伐虢裡的「結盟」極為有利，可謂「天作之合」。那便是道家的思想重寶「豫兮若冬涉川、猶兮若畏四鄰、儼兮其若客、曠兮其若谷。」（註三）假設結盟和反結盟兩陣營所謀求，確實是「國家利益」（註四），再假設確實也有「永久國家利益」，那就是由這四種智慧促成。

㈠豫兮若冬涉川，小心謹慎的風險管控；㈡猶兮若畏四鄰，危機無所不在，道心惟危，知危則安；㈢儼兮甚若客，看人待事，存莊重之心，低調若客人；㈣曠兮其若谷，胸懷如虛空，無所不容，無所不納，便能放眼千秋。能有此四種智慧，大家樂於和他結盟，對手無論如何進行反結盟都難以破壞。從范蠡的一生事業、行誼，列舉幾項和「假道伐虢」意涵相關實例。

第一「假越伐吳」。范蠡從十八歲那年與文種奔越，就是要「創立霸業」，消滅仇邦吳國，檢視他到最後完勝的整個過程，他等於「借」了全部越國的一切，完成伐吳並滅其國之大業。通常吾等可以借錢、借地、借人，但無論如何，難以「借」到一個國家，只有范蠡可以，此不再贅述，讀者可自行領悟。

第二、「鴟夷子皮」和「陶朱公」都因結盟而壯大。這是范蠡經商後，兩個不同階段的「商號」。（註五）當他初到渤海萊州灣，深入了解鹽戶貧窮後，很快與十多個煮鹽村落「結盟」，鹽民都成了「鴟夷員工」。（註六）大約才到齊國第二年，他便展開國際貿易，把鹽賣到秦、魯、宋、衛、晉等國，結盟使他擴張了市場。

第三、「千金散盡復還來」——靠結盟。范蠡在齊國成了大企業家，齊王聞其賢，要請他當宰相，他以為不祥，乃進行三徙。「盡散其財，以分與知友鄉黨，而懷其重寶，閒行以去，止於陶。」（註七）「盡散其財」，而不是「散盡」其財，所剩錢財應該是不多，他到陶（今山東省定陶縣，在山東西南邊陲），重新掛上「陶朱公商號」。大約三年，他又成為國際大貿易商，根據各項研究，依然靠很多合作、結盟關係。（註八）他善於知人，更善於選擇可以結盟的戰略夥伴。

第四、與天、地、人結盟，方可成功，這是范蠡兵法所強調。（註九）在范蠡與勾踐對話中，多次強調「人事與天地相參乃可成功」，這是「天人合一」的智慧，

「內聖外王」的境界。目前著名於兩岸的范蠡第五十三世孫范揚松，是「范蠡學」之權威，他認為范蠡「內聖外王」與現代「第五級領導相通共契。」（註十）此種高智慧者，同時具備「領導人」和「管理者」能耐，其「外王實踐」，當然就是善於結盟，且為聯盟之主。

第二節 假道伐虢之理論、詮釋與舉例說明

混戰計

第二十四計：假道伐虢

【原　文】

兩大之間，敵脅以從，我假以勢。困，有言不信。

【按　語】

假地用兵之舉，非巧言可誑，必其勢不受一方之脅從，則將受雙方之夾擊。如此境況之際，敵必迫之以威，我則誑之以不害，利其倖存之心，速得全勢。彼將不能自

陣，故不戰而滅之矣。如：晉侯假道於虞以伐虢；晉滅虢，虢公丑奔京師，師還，襲虞滅之。

【注　解】

兩大之間，敵脅以從，我假以勢：假，借。句意：處在我與敵兩個大國之中的小國，敵戶若迫小國屈服於他方時，我方則要藉機去救援，造成一種有利的軍事態勢。因，有不信：語出《易經・困》卦。困，卦名。本卦為異卦相疊（兌上坎下），上封為兌為澤，為陰；下卦為坎為水，為陽。卦象表明，本該處於下方的澤，現在懸於上方而向下滲透，以致澤無水而受困，水離澤流散無歸也自困，故卦名為「困」。「困」，困乏。卦辭：「困，有言不信。」意為，處在因乏境地，難不相信這些嗎？本計運用此卦理，是指處在兩個大國中間的小國，面臨著受人脅迫的情況時，我方若援救他，他在困境中會不相信嗎？

【譯　文】

對處於兩大強國之間的小國，當敵方脅迫它屈服時，我方就要立刻出兵，顯示威力給予援救，藉機把軍事力量擴展進去。對這種處於困境的國家，只空談支援而無實際行動，就不會取得到它的信任。《易・困》卦說，對處於困境者憑嘴說，是不會取得它的信任。

按：借道用兵的行動，不光是巧言令色可以欺騙成功的。必須使他處在這樣的情況下：不受到一方的威脅，就要受而雙方的夾擊。在這種情況下，敵人必然使用武力來逼迫他，我方卻以不侵犯他的利益來誘騙他，利用他僥倖的心理，立即把力量擴展進去，控制整個局勢。如此，他勢必不能保住陣地，所以不需要進行戰爭，就可以把敵人滅了。如：春秋時，僖公二年，晉侯借道虞國去攻擊虢國，滅了虢，虢國公丑逃奔到周朝的首都——洛陽。僖公五年，晉國從虢國回軍，再過虞國時，乘其不備，發動突然襲擊，輕而易舉地把虞國滅了。

【出處】

此計出於《左傳・僖公二年》：「晉荀息請以屈產之乘，與垂棘之璧，假道於虞以滅虢。」

春秋時代，虞、虢二國為鄰邦，並且與晉國領土相接。晉國早有併吞兩個小國的野心，但他並沒有輕易地對二國發兵，而是採納了荀息的計策。晉國先贈送名馬、寶玉收買虞公，於是他同意晉君借用虞國境內道路，去攻打虢國。而待虢國被收拾後，虞國不久卻也慘遭晉國滅亡之命運。

【成功關鍵因素】

計策應用時機：所謂「假道伐虢」，是乘小國陷於困窘情況下，予以併吞的策略。而發動軍隊時，須有光明正大的理由，當對方受他國攻擊而需求援助時，就是絕佳的機會。此計是強者併吞弱者時，所採取的策略之一，不管何時，只要強國出手使用此計，就不難達成目的。但須注意效率，並有正當的藉口才順利進行，此計的關鍵在於此。

侵入性計謀：這是一種「一箭雙鵰」的計謀。要借用他國的道路，可能被借的是個弱小國家，或是那小國正受到另一強國的威脅，不然就是用利益去誘騙那國家，才可能達到目的。這實際上也是一種「侵入性」的戰略。

商場運用：現代企業家，常取其「以假道為名，霸占地盤」的內容，將「假道伐虢」之計廣泛運用於商戰中，是指企業家、商家以獨到的公開手段，透過貿易、外交途徑，獨占領市場的目的。

【歷史案例】：林則徐祈雨得捐款

清代的林則徐有一次為了救助百姓，假借向天求雨，而達到募捐的目的。

那時林則徐為湖廣總都，碰上百年不遇的大旱，許多農民流離失所，生活困頓。

林則徐號召各級官員自願捐獻，以便從外地購糧，結果竟沒人回應。林則徐於是發出一則告示：為解貧民饑饉之苦，定於三日後設壇祈雨，上自督撫，下到縣官，皆應照例齋戒三日，不許吃葷，不准喝酒，以示誠心敬天之意。

三天後，林則徐帶領眾官員行禮祈禱。禮畢，林則徐要求大家在烈日下共同體驗農民稼穡之苦，眾官不敢違背，便不打傘亦不張扇，在烈日下坐了三炷香的時間。林則徐突然想起什麼的說，「天氣炎熱，不可無茶」，於是派人為大家奉茶，不久，喝下茶的人都嘔吐不止。林則徐起身命令大家都不准掩蓋嘔吐物，表示要檢查各位是否待天忠誠，當檢查結束，卻發現除了林則徐之外，其他人所吐皆為酒肉腥葷之物。此時，林則徐嚴厲的指責眾官員，竟無齋戒祈雨，若天不降雨，必是諸位觸怒所導致。

眾官員聽了林則徐所言，既恐懼又羞愧，表示願意盡力捐錢，因此林則徐順利的籌款賑災。其實，林則徐是以祈天求雨作藉口，隱藏其意圖，然後在茶裡放下嘔吐藥，用計引導眾官員捐錢。

【現代案例】：不朽天團「披頭四」的傳奇原因

披頭四合唱團（The Beatles），於一九五七年在英國成立的搖滾樂樂團，「披頭四」在搖滾樂史上的地位，可說是「前無古人，後尚無來者」，雖然搖滾樂不是「披頭四」所開創的，但「披頭四」的音樂成就，對於搖滾樂來說，甚至於流行音樂的影響之大，實在是難以想像的估計。

與其說「披頭四」是二十世紀最為流行的樂團，不如說「披頭四」已成為二十世紀文化的一部分。成員包括約翰藍儂（John Lennon）、保羅麥卡尼（Paul McCartney）、喬治哈里遜（George Harrison）、林哥史達（Ringo Starr），直到一九七〇年這個「天團」才正式解散。

為什麼一個小小的樂團，能在短短時間內風靡全歐美呢？這應該要歸功於「披頭四」的經紀人——布萊恩·艾普斯汀（Brian Epstein）的精心策劃。首先，就是讓這群小夥子在演出中，形成自己獨特的風格，音樂之激烈、歌詞之簡明、表演之狂熱，對歌迷們有極強的感染力與吸引力。其次，他特別重視「披頭四」外形包裝，他讓「披頭四」的形象，看起來永遠是那麼地生動、乾淨與有趣，而獲眾人喜愛。再者，是「披頭四」順應了西方當時的文化影響。當時西方嬉皮文化正快速蔓延，「披頭四」在歌曲中表現出來的，是前所未有的「沒有戰爭、沒有貧富、沒有強弱對立」的烏托邦思想；而在情歌方面，也傳達了人們內心的古悶、嫉妒和徬徨，這正是「披頭四」文化思潮的一種反應。

「披頭四」是當時歐美文化下的產物，如果沒有經紀人布萊恩・艾普斯汀巧妙的策劃，沒有他善於「假道伐虢」的策劃，「披頭四」就沒有今天的地位。難怪會被「披頭四」的主唱保羅麥卡尼，譽名布萊恩・艾普斯汀為「披頭四的第五名團員」。

取其「以假道為名，霸占地盤」的內容，將「假途伐虢」之計廣泛地運用於商場上，以獨有的公開手段，透內外在條件的精巧操盤，以稱霸占領市場為目的，終可於戰場上獨占鰲頭，一網人心。

第三節 假道伐虢情境：關鍵、執行與練習

「道」與「虢」是本計的兩個「變項」，有形的變項容易理解，時機和模式的把握可以具體化，操作起來顯得方便些。但形而上的「道」與「虢」，須要一點「慧眼」或「天眼」，始能完勝操作。

就如布萊恩・艾普斯汀獨具慧眼，能「假道」當時西方的嬉皮文化，表現人人欲往的烏托邦境界；藝人也是一種商品，經由高明的包裝和行銷，「伐」向目標——虢——千百萬歌迷和影迷忠誠跟隨。

有些事情看似簡單，人人都會，只是玩不出什麼成績。布萊恩玩得震動整個地球，還是依據這簡單的「公式」。

假道伐虢要素及反思

——一種「一箭雙鵰」的計謀

1.關鍵要素：

・以公開手段購併弱小團體。
・分享共同目標或者敵人的目標不同。
・因任務需要，併小與大，併弱與強。
・用結盟來實現這個目標。
・取代結盟減少主導者力量！

2.執行的問題：

・你的目標是什麼？
・為別人的目標又如何實現目標，你將失去什麼技巧或能力？
・什麼樣的合夥人能使你失而復得，什麼共享的目標能讓你們走在一起？至少列舉五種。

・上述每位合夥人，你採取什麼行動，使你將來不需要他們？

・哪種選擇（合夥人和行動的結合）產生最吸引人的結果？

3. 執行假道伐虢的自主練習九宮格

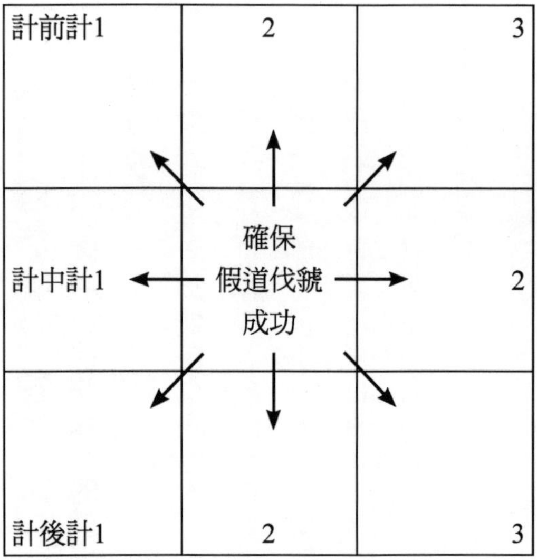

小結

(1)應用特性　藉助經銷商的網絡開發省級市場，然後順藤摸瓜，去做縣市一級市場，進而輻射鄉鎮市場，這是許多中小型肥料生產企業採取的營銷策略。這種策略十分有效，許多中型企業有了市場以後，迅速擴大產能，一舉成為大型肥料生產企業。

從營銷的角度來說，假途伐虢是以低成本進入市場的謀略，一旦營銷目標實現後，對於幫助自己的經銷商會採取兩種方式，一是提高其業務素質，幫助他們發展，以便跟上企業發展的需要，否則，在尋找到實力強大的經銷商後，放棄與其合作。二是鼓勵新老經銷商合作，企業可以重新考慮利益分配原則。

(2)市場基礎　市場是其他品牌的主市場，本企業品牌在該市場沒有知名度。

(3)產品定位　選擇適合新市場銷售的產品，創立自己品牌的市場知名度。

(4)營銷目標　開發市場。

(5)準備措施　做好市場調研，網絡調研，經銷商選擇，合作營銷方案，以及進入市場的前期操作方式。

(6)**措施實施**　從基層做起，從小經銷商做起，從小市場做起，然後謀求大市場、大經銷商、整合大網絡。

【附　註】

註一　虞，春秋時代諸侯國，姬姓，在今山西平陸北。於周惠王二十二年（前六五五年），為晉所滅。

虢，春秋時代諸侯國，姬姓。有東虢、西虢、北虢，此處指北虢，建都上陽（今河南陝呆東南李家窰）。國土約在今河南三門峽和山西平陸一帶，同時被晉國所滅。

註二　詳見〈軍爭篇〉、〈九變篇〉，魏汝霖，《孫子今註今譯》（台北：台灣商務印書館股份有限公司，民國七十六年四月，修訂三版）。

註三　楊穎詩，《老子義理疏解》（台北：文史哲出版社，二〇一七年八月），頁七八～八一。

註四　國家利益（National Interest）一詞，即主觀又歧義，大約不外安全和經濟二者，是古今政治人物用最多的口頭禪。可詳見：《雲五社會科學大辭典》，第三冊《政治學》（台北：台灣商務印書館股份有限公司，民國七十八年元月，八版），頁二七四。

註五　范聖剛、范揚松，《商戰春秋陶朱公》（台北：聯合百科電子出版有限公司，二〇一九年十二月十五日），詳見第二編，第三、四章。

註六　同註五，頁七三。

註七　漢・司馬遷，《史記》（台北：宏業書局，民國七十九年十月十五日），見〈越王勾踐世家〉，頁一七五二。

註八　雷蕾，《千秋商祖——范蠡》（台北：信實文化行銷有限公司，二〇一一年九月），第六章，第五節〈巧選戰略合作夥伴〉。

註九　陳福成，《大兵法家范蠡研究》（台北：文史哲出版社，二〇一八年二月，修訂再版），詳見第八章〈范蠡兵家思想〉。

註十　同註五，頁一四九。

另：范揚松為范仲淹第三十一代孫，范蠡之第五十三代孫，為目前兩岸著名企業家、詩人。詳見：陳福成，《嚴謹與浪漫之間》（台北：文史哲出版社，二〇一三年三月），見第一章。

第五篇　并戰計

兼備戰條件下的計謀，有六：

偷樑換柱
指桑罵槐
假癡不癲
上屋抽梯
樹上開花
反客為主

第二十五章 偷樑換柱

「偷」不一定是暗中偷偷摸摸，光天化日下行「瞞天過海的偷」，也是偷。房屋樑柱被偷換會倒塌，軍隊（或任何團體）骨幹被抽換會垮掉。樑柱泛指任何事物的關鍵或支撐部位，換掉支撐便改變了事物的本質和內容，表面看則似未變。

偷樑換柱，與偷天換日、偷龍換鳳、調包計等意思相同，都指同偷換辦法，改變事物的本質和內容，達到矇混欺騙對方（或人民）之目的。此計有濃厚的權謀味，包含爾虞我詐，乘機控制環境版圖的權術，在軍事、政治、外交謀略，均常見精彩演出。

歷史上著名的偷樑換柱史例，如趙高亡秦、呂后矯詔殺韓信、韓趙魏三家分晉，「狸貓換太子」故事亦此計典型。另，常被傳述的十九世紀中葉克里米亞戰爭，俄艦易幟勝土軍，俾斯麥巧改電文勝法軍；二戰時諾曼第登陸，盟軍也用偷樑換柱「假蒙哥馬利——中尉杰姆士」，取得大勝利。還有台灣人每天看到的大戲「消滅中華民國」，正是台獨份子展演「偷樑換柱」大法，絕大多數人都無知無覺，可見這種法門的厲害。

第一節　范蠡與偷樑換柱

偷樑換柱基本操作時機模式

此計成功與否，在不被發覺。一者真的用偷，二者「冷水煮青蛙」（如台獨消滅中華民國），兩種都可不被發覺。偷樑與換柱，都是次要的換主要的，用假的換真的，用壞的換好的。這樣，被換掉的主體（如中華民國），就失去原來的作用，便自動瓦解、壞死。

廣義的說，凡以任何手段，把原貨換了，拿假貨出示於世人都叫「偷樑換柱」。在軍事作戰中，在反軍安排我方人馬；在政壇各派系安插自己人，待機擴張地盤或「兼併盟友」，都是偷樑換柱之大用。

偷樑換柱擴大運用時機模式

日常生活中使用偷樑換柱更廣泛。如古人言語委婉，貪污說是「簠簋（音府鬼）不飾」，亂搞男女關係說「帷薄不修」，能力庸劣是「下官不職」。而現代當官的，有人求他辦事，他說：要提前（錢）說。凡此，原來事物之樑柱就在光天化日下換掉了。

偷樑換柱廣泛用於現代答辯或政治語言。一則〈黎駐美大使與美記者鬥嘴〉短文，黎巴嫩駐華盛頓大使阿布邦德日接受美國福克斯電視台記者專訪的問答，這位大使故意「偷樑換柱」換掉主體，轉錄以餉讀者。（註一）

記者問（以下簡稱問）：大使先生，您認為真主黨是恐怖組織嗎？

大使答（以下簡稱答）：是的，沙龍是恐怖份子。

問：對不起，大使先生，我問的是真主黨以無辜民眾為目標並且殺害民眾的行為，請談談您對真主黨的看法。

答：是的，沙龍殺害了成千上萬的無辜民眾，他是最大的恐怖份子。

問：大使先生，請回答我的問題，您認為真主黨「是」恐怖組織還是「不」？您是否反對屠殺無辜民眾？

答：我反對屠殺無辜民眾，但您必須分清誰是無辜民眾。沙龍屠殺了成千上萬無辜民眾，現在還在殺，因此他是恐怖份子。

問：那麼真主黨又如何？您的意思是說真主黨從來沒有殺害過，也從來沒有設計殺害任何無辜民眾？

答：真主黨是一個反抗組織，在黎巴嫩國會有席位，他們是為正義而戰。如果在戰鬥中有無辜民眾傷亡，那也是戰爭使然。反正，真主黨絕不會以平民為攻擊目標，不像戰爭販子沙龍，只會以無辜民眾，甚至小孩為目標。

問：大使先生，照您的意思，您是贊同真主黨的自殺炸彈攻擊方式？

答：我絕不贊同戰犯沙龍的攻擊方式。

問：大使先生，請不要迴避我的問題，請直接回答問題，您是否支持自殺炸彈？

答：我不支持殺害無辜民眾，但我們必須先分清誰是無辜民眾，誰不是無辜民眾。如果巴勒斯坦自殺炸彈炸死一堆以色列士兵，而這些士兵曾經用暴力對待手無寸鐵的巴勒斯坦人，那麼，你認為這些士兵是無辜民眾嗎？

問：大使先生，您是否承認以色列人的生存權利？

答：是的，我承認巴勒斯坦人的生存權利！

問：大使先生，請不要答非所問，請照實回答，您「是」承認以色列人的生存權利還是「不」？

答：以色列早已存在，承不承認不重要，重要的是承認巴勒斯坦人的生存問題。

問：大使先生，您的回答是偏袒一方，而且有先入為主的成見，為什麼？

答：不，您的問題才是偏袒一方，而有先入為主的成見。

《參考消息》，二〇〇二年四月二十三日，第三版

范蠡的偷樑換柱

范蠡當然不會幹下什麼偷雞摸狗的事，但偷樑換柱的「偷」，通常就在眾目睽睽之下，光天化日之間，樑柱具被「偷換了」。就像現在，台獨份子透過政治操弄，把中華民國的「樑」和「柱」抽掉了，把中華民國的「內容」抽掉了，把台灣人的「中國元素、民族血緣」抽掉了。中華民國（或台灣）的本質變了，變成四不像，可能更接近魔鬼，過程中尚有其他計（如瞞天過海……）

范蠡一生進行過兩個政治工程的「偷樑換柱」，使用的「政治工具」與台獨改變

中華民國的形式和內容相同。其一是對越國進行「樑柱換修」，其二對吳國進行「樑柱改造」。說范蠡和台獨用同一把「工具」不好聽，只是「工具」是中性的，誰都可以拿來用。

其一、對越國進行「樑柱換修」。越國本是弱小之國，勾踐不智未聽范蠡諫言，冒然發動對吳之戰，慘敗之際已面臨亡國。經范蠡精心策劃才有了活路，在當了三年「越勞」後，范蠡訂「興越」之策，開始進行國家的樑柱換修：㈠政治改革、建軍備戰；㈡繁殖人口，以裕兵源；㈢以實人才、收攬民心。（註二）如是才二十年，越國已非「吳下阿蒙」，滅了吳國，勾踐也得到周天子「封霸」，是春秋最後一霸。

其二、對吳國進行「樑柱改造」。范蠡對吳國和吳王所用的計謀，恐已超出三十六個連環計策，並非「偷樑換柱」一策所能完功。將吳國從一個「絕對敵國」，轉換成「友善信任」之國，使夫差看到的越國像是十足「臣服」。吳國和吳王，徹底被范蠡「改造」了，樑柱都是「越國的」，真是不亡也難。

偷樑換柱的核心思維，在「從關鍵、要害部位下手，改變事物的本質和內容」，成為「良賈」後的范蠡，在他後半輩子的經商生涯裡，同樣散發此種無敵於天下的智慧，例舉幾項如後。

第一、范蠡為使大家共富，他晚年著有《致富奇書》和《養魚經》二書。（註三）因經二千多年流傳失落，《致富奇書》只剩題綱〈理財致富十二戒〉；

勿鄙陋，勿虛華，勿優柔，勿強辯，勿懶惰，勿固執，勿輕出，勿貪賒，勿爭趣，勿薄蓄，勿昧時，勿癡貨。

十二戒正是人性之「要害」關鍵處，由此下決心克服之，力行實踐之，便一定改變你人生的「本質和內容」。你雖不可能成為「商聖」，也定能致富成一方「財神。」

第二、使窮人變富豪。《史記》記載一個窮漢來請教范蠡致富之道，范蠡教化「子欲速富、當畜五牸」。（註四）這位叫猗頓的窮人年紀不小了，按照所教的去操作，十年便富比王公，馳名天下，後世尊為道商二祖。

第三、從民間流傳的范蠡經商法門，如〈理財致富十二法則〉、〈十二戒律〉、〈商場教訓十六條〉、〈經商十八法〉等。（註五）凡此，都能切中人性之要害，能力行實踐，必能改變你的人生之「本質與內容」。

第二節　偷樑換柱之理論、詮釋與舉例說明

併戰計

第二十五計：偷樑換柱

【原　文】

頻更其陣，抽其勁旅，待其自敗，而後乘之，曳其輪也。

【按　語】

陣有縱橫，天衡為樑，地軸為柱。樑柱以精兵為之，故觀其陣，則知其精兵所在。共戰他敵時，頻更其陣，暗中抽換其精兵，或竟代其為樑柱；勢成陣塌，遂兼其兵。併此敵以擊他敵之首策也。

【注　解】

曳其輪　《易經・即濟》：「初九，曳其輪。」《經解》：「前有險，眾皆競濟，初能曳而止之，之所以見險而能之，休離明故也。」輪代替之義。這裡可解為：先拖住他，然後再代替他。

【譯 文】

多次擾亂陣形，使敵軍部隊頻繁的變動陣容，藉以抽調敵人的精銳主力，使之自行消滅，然後乘機取將其控制，在我方勢力之下而取勝。如同只要控制了車輪，便能控制車行方向的道理一般。

按：陣勢有東南西北四方位，天衡在前後，二橫相對，做為陣的大樑；地軸在中央，當作陣的柱子。樑和柱的位置，都是主力部隊防守的地方。因此，察看敵人的陣容，就能發現他的主力之所在。如果與友軍共同聯合對敵作戰時，可以多次地變動友軍的陣容，暗中更換他的主力，或者派自己的部隊，去代替他作樑柱，這樣必然要使陣地倒塌。這時，立即併吞他的部隊。此為併吞這股敵人後，再去攻擊其他敵人的一個首要策略。

「天衡」：即古代作戰時，多講求陣戰，雙方布好隊形，安排好兵力，然後再與敵交戰。布陣時，隊形都要按東西南北的方位擺布。陣中兩翼或首尾稱為「天衡」，南北或東西相對，恰似古代建築中的樑；陣的中央稱「地軸」，從陣形上來看，恰似陣中的支柱。此二者即為古戰陣中的「樑」、「柱」。而部署「樑」、「柱」方位上的部隊，一般都是主力。

【出 處】

此計見於《漁家樂傳奇》：「願將身代人金屋，做個偷天換日。」

【成功關鍵因素】

「偷樑換柱」之別名：「偷樑換柱」與「偷天換日」或「偷龍轉鳳」的意義相同。狹義的解釋是欺上矇下，盜弄政權；廣義說為，凡使用卑劣手段，把原有的換掉，以假貨去欺騙人。

偷換之目的：「偷樑」與「換柱」都是用次要的換主要的，用假的換真的，用壞的換好的。被調包過的東西，不僅起不了應有的作用，反而會發生破壞和瓦解的危機。敵人元氣大傷後，必不攻而自敗。此計大多指暗中調換，冒名頂替，以達到矇騙對方、從中漁利的目的，通俗又可稱為「調包計」。

如何使用偷換計謀：

1.這個策略可用來對付敵國或盟國。對盟國使用這種手段時，目的在使對方聽從我方之意見，並接受操縱。偷樑換柱原意為，暗中偷換房屋的樑柱，房屋就會倒塌。此計用於軍事上時，指對於敵方暫時聯合，對我作戰的軍陣，要設法變動它的陣容、抽換它的主力，使它實力削弱而陷於失敗。「樑」、「柱」泛指反映事物的關鍵和要害部位。使用此計時，首要考慮事物的樑和柱，就等同於抓住了問題的實質，即易找出應對的措施。

2.此計更廣泛的含義，是利用方法來欺騙和迷惑對方，用一種假象來掩蓋真相。本計最直接用於經營時，是在商戰中，經營者可以用一些表面假象迷惑對方，致使競爭對手暴露真實用意，及實力所在。而我方則可依據其表現的狀況進度，避實就虛，在競爭中取得勝利。

【歷史案例】：趙高假詔換太子

秦始皇稱帝，以為擁有江山統一和子孫萬代的家業，便一直沒有確認立太子、指定接班人的人選。宮廷內有兩大股勢力，一是長子扶蘇、蒙恬集團，一個是幼子胡亥、趙高集團。扶蘇恭順好仁、為人正派，在國內享有良好名聲。秦始皇本欲立扶蘇為太子，為鍛鍊他，派他到著名將蒙恬駐守的北線監軍。而幼子胡亥早被寵壞，在宦官的帶領下，只知吃喝玩樂。

西元前二一〇年，秦始皇第五次南巡，到達平原津（今山東平原縣附近），突然一病不起。此時，秦始皇自知大限將至，連忙召丞相李斯傳達密詔，立定扶蘇為太子。當時，掌管玉璽和擬詔書的是宦令（宦官的總管）趙高，他看準了這次難得的機會，便故意扣壓密詔，有心廢掉扶蘇，而擁立胡亥為太子。

幾天後，秦始皇在沙丘平召（河北廣宗縣境）駕崩。李斯怕扶蘇回來前，因國家沒有領袖，而會引起政局不安，因此暫且秘不發喪。趙高特此去找李斯，說明了利害關係，李斯聽後心動，與趙高合謀，便矯詔（在古代，詔書為天子的專用文書，所以冒充皇帝的名義，來偽造的詔書稱為「矯詔」）。因此賜死了扶蘇，殺死了蒙恬。

趙高未用一兵一卒，只用了「偷樑換柱」的手段，就把昏庸無能的胡亥，扶正為秦二世，為自己之後的專權打下了基礎，也為秦朝的滅亡埋下了禍根。

【現代案例】：不醉酒店的「美」而「奇」

義大利有一家「美而奇」酒店，它的門上有一個特別的標示寫道：本酒店叫美而奇，美在飲料食物，美不盡言，奇在顧客整天於本店飲酒，不會中毒也不會醉倒。本店規定，飲酒的範圍分一小時飲、二小時飲、四小時飲、六小時飲、整天飲五種，不論選擇哪一種，飲什麼酒、飲多少量，都由本店配合其他飲料交叉安排。有意者請入內，本店熱忱歡迎。

到店裡消費的顧客會發現，那裡提供了多樣的菜餚、點心與特產，而且味道佳，原本想要飲酒的顧客，反而被眾多味美的料理吸引而忘了喝酒。此外，大部分的酒都配有其他飲料，以一小時為例，每個人飲到的酒不下十大杯，但真正只含了一杯高級啤酒的容量，若是喝整天的人，喝到的酒料最多也只有四兩威士忌。因此，在店裡不論怎麼喝，也不易醉倒。

「美而奇」酒店為什麼這樣做，原來是經紀人愛德華・摩爾斯福的想法，他希望自己的酒店能吸引好酒者，但不出嗜酒如命的醉漢。這招「偷樑換柱」的做法，不僅沒有引起顧客的指責，相反的，招來更多賓客，使生意愈是興隆。

第三節　偷樑換柱情境：關鍵、執行與練習

我相信，絕對大多數的人沒有機會真正領兵作戰，沒有機會當一國之領導，能代表國家在外交上作戰機會也極少。而在世界商場上，馬雲和比爾蓋茨都只有一個。因此，筆者比較期待一般中小企業經營者、獨立個體戶等，最有機會像義大利這家「不醉酒店」，發揮了「偷樑換柱」的奇美創意，創造了好的業績。

看似簡單的東西要完勝也不容易，你搞創意，對手也在創奇，成敗都有「要害」。從關鍵要素、執行問題和九宮格練習，再作反思吧！

偷樑換柱要素及反思

——一種「暗中佈署」及「消敵壯己」的戰略

1.關鍵要素：

- 我方情勢被對方掌握。
- 對手的優勢建立在關鍵援軍上。
- 敵不知覺下調開其主力。
- 攻擊那些外部援軍。
- 通過擊潰援軍，對手衰退，你征服對手。
- 削弱對手力量以強化自己。

2.執行的問題：

- 對手關鍵的支撐結構是什麼？如果對手是棟房子，他的大樑是什麼？
- 有能力破解這些樑柱關係嗎？
- 怎麼攻擊那些支持結構或大樑？
- 每次攻擊結果怎麼樣？
- 利用盟軍或發言人出去亦可。

・哪種攻擊最奏效？

3.執行偷樑換柱的自主練習九宮格

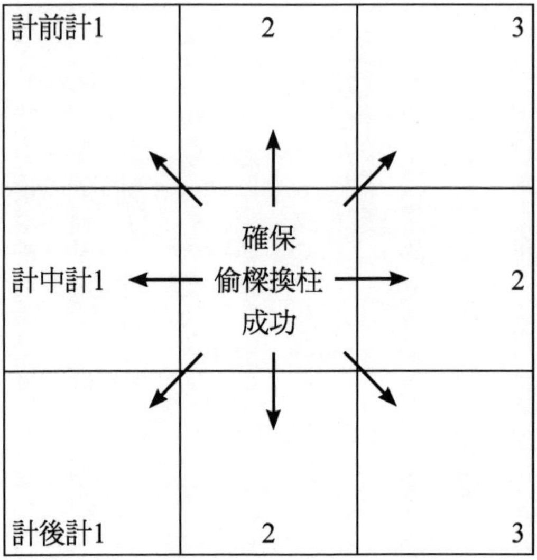

小結

(1)應用特性　應用於企業的市場布局。

企業在市場策劃中需要合理布局，主要的原因有生產的持續性和銷售的季節性需要平衡、銷售的成本和消費的需求需要平衡、競爭對手的競爭實力需要考慮、企業未來的發展趨勢需要考慮，因此，合理布局非常重要；企業的市場布局容易受到競爭對手的關注，競爭對手會根據己方的布局採取應對措施；因此，企業的布局必須採取計謀和比較隱秘的方式進行，比如偷樑換柱。

從營銷的角度來說，偷樑換柱可以應用在市場調整、產品更新、廣告宣傳等方面。成熟的企業可以從正面的角度使用這一謀略，處於資本積累初始階段的企業也可以使用這一謀略，快速進入市場，快速樹立品牌知名度。

(2)**市場基礎** 產品競爭激烈的市場。

(3)**產品定位** 保持產品生命力，不斷推出新賣點。

(4)**營銷目標** 企業需要市場調整或者產品更新，保證市場的占有率和銷量的穩固。

(5)**準備措施** 確定產品標新立異的賣點口號，確定宣傳方式，進行產品更新或者包裝更新。

(6)**措施實施** 廣告先行，通過經銷商、零售商共同傳播企業產品形象和宣傳口號。

【附註】

註一　于汝波，《三十六計的智慧》（台北：大地出版社，二〇〇六年九月），頁一九七～一九八。

註二　陳福成，《大兵法家范蠡研究》（台北：文史哲出版社，二〇一八年二月，修訂再版），第五章。

註三　雷蕾，《千秋商祖：范蠡》（台北：信實文化行銷有限公司，二〇一一年九月），第七章第四節、第八章第四節。

註四　漢・司馬遷，《史記・貨殖列傳》。（台北：宏業書局，民國七十九年十月十五日），三二五九。

註五　范聖剛、范揚松，《商戰春秋陶朱公》（台北：聯合百科電子出版有限公司，二〇一九年十二月十五日），第二篇，第九章。

第二十六章 指桑罵槐

這是很平常的一計，可以說人人會用，但要用得高明也不是容易的事。廣義而言，指桑罵槐有四種意涵：殺雞儆猴、敲山震虎、旁敲側擊、故意製造事端。

此計中的「桑」一般指：㈠第一個以身試法的人。㈡性質最惡劣的事。㈢最有代表性的事。㈣最可能破壞團體團結的人或事。

此計中的「槐」一般指：㈠該罵而不敢罵的人。㈡該罵而不便罵的事。㈢該罵而數量多的群體。㈣具有代表作用的人或事。

「指」也有真指和假指，「罵」也有實罵和虛罵，已經進入藝術境界，指罵之妙，存乎一心。但無論如何，本計核心作用在警告，警告的對象不外弱小或強者，而以強者對弱小的警告最有效。

指桑罵槐的第四個含義「故意製造事端」，通常是領導（管理）者對某事或某人不滿，團體必須加以整頓，利用適當時機開罵（製造事端）。接下來，可能靜觀後效或開始進行所要的行動。

歷史上留下不少指罵槐的經典史例如：姜太公殺狂矞、田穰苴斬監軍、孫武斬宮女、韓信斬殷蓋、朱元璋假斬徐達、薩克斯說服羅斯福製造原子彈、赫魯雪夫影射尼克森。

第一節 范蠡與指桑罵槐

指桑罵槐基本操作時機模式

強者（各方面有優勢條件者），若想要使弱者（各方面處於劣勢者）順服，或至少表面順服，內心害怕而不敢造反，就是用警告的方式誘引之。若是強者加強「罵」的力道，通常很有效，因為弱勢者最想可以生存下去，只好乖一點，以免死得太慘。反之，弱者對強者的警告機會極少，因為風險高。（但范蠡做到了，後述）弱者有時態度強硬起來，以弱示強，表現出無畏一死的決心，反而可以得到回響；例如，得到強者的尊敬，雖行險卻使事情轉向順境。

率領一些不服從指揮的部屬上戰場，你無法掌控及調動他們，卻用利益引誘驅使，會招致反效果，更難統一指揮。最好故意製造事端，殺一儆百，警告不聽指揮的人。這種警告是以行險方式，強硬嚴肅團隊紀律，乃調兵遣將的一種方法。

指桑罵槐擴大運用時機模式

指桑罵槐是強者的「倚天劍、屠龍刀」，刀劍所指無不服從聽命，只要你夠強大就只管罵，想罵誰就罵誰。當今世界，美國人攻打伊拉克、科索沃、阿富汗、利比亞、敘利亞等國，都是一種「殺雞儆猴」，告訴全世界「順我者昌、逆我者亡」。目的都在維護美國利益，確保他的霸權地位。

指桑罵槐用於內部管理，是一種懲戒的藝術、激勵的藝術、駕馭部下的藝術。惟要做到「剛中而應、行險而順」，有三個問題要處理好：㈠先確立規則，防止隨意隨性的執行過程；㈡執行賞罰適中，防止過嚴或太鬆；㈢嚴寬因勢而權，誠如「以菩薩心腸，行霹靂手段」，體現審時度勢的思維特色。

指桑罵槐用於日常生活中的批評藝術，把握善意和溫和效果較佳，有十大技巧：態度寬容、避免嘲諷、內容具體、避免主觀、注意效果、選擇時機、設身處地、準備充分、語氣平和、褒貶兼顧。

范蠡的指桑罵槐

研究范蠡一生行誼，並未發現他何時曾對任何人事，吹鬍瞪眼指桑罵槐。畢竟，以他身為老子、計然的信徒，道行修為到了何種境界？應早已超越了「罵人」的層次。他的「罵」只是一種旁敲側擊的警告，在他生命中有過兩次。

第一次，周敬王二十六年（前四九四年）春，越王勾踐不聽范蠡諫阻，對吳國發動戰爭，結果慘敗，頃刻將要滅亡。他才「不恥下問」范蠡說：「當初不聽你的忠言，現在怎麼辦？」

「怎麼辦？」勾踐和五千近衛兵力，被王夫差的大軍圍困在稽山（在今浙江紹興），幾回投降談和都未得夫差許可。范蠡知夫差好勝心理，馳騖遠功，提出對夫差動之以「利」之警示條件。（註一）

願大王赦勾踐之罪，盡入其寶器。不幸不赦，勾踐將盡殺其妻子，燔其寶器，悉五千人觸戰，必有當也。

這是一個嚴重、旁敲側擊的警告，絕對弱勢者對絕對強勢者的警告。如果夫差不赦免勾踐的罪，越國也會對吳國恐戰到底，至少可以再使吳軍死傷幾萬人，越國所有寶物也全部自毀，讓夫差什麼也得不到，又讓自己的軍隊死傷幾萬人，又何苦呢？

若赦免勾踐罪，則「勾踐請為臣，妻為妾」，又能得到越國所有寶物，勾踐之妻願為夫差之妾。夫差越想越高興，不顧伍子胥的反對，就赦了勾踐，罷兵而去。范蠡的警告得到完勝成功，另一次警告來不及救人了。

滅了吳國後（周元王三年、前四七三年底或次年初），范蠡浮海以行，到了齊國今之渤海灣開始經商。但他念老友文種性命，乃寫一封信派人送到文種手上，勸他快離開勾踐，再不走老命不保。《史記》記錄范蠡給文種嚴重警告曰：（註二）

范蠡遂去，自齊遺大夫文種書曰：「蜚鳥盡，良弓藏；狡兔死，走狗烹。越王為人長頸鳥喙，可與共患難，不可與共樂，子何去？」種見書，稱病不朝，人

> 或讒種且作亂，越王乃賜種劍曰：「子教寡人伐吳七術，寡人用其三而敗吳，其四在子，子為我先王試之。」種遂自殺。

政壇上的「定律」似乎古今如此，歷史上的政要能全身而退的不多，范蠡看透了這點，才有後來的「財神」傳奇。可惜文種悟不透，范蠡在離越前也警告過他一次，他覺得「還好」，第二次來信警告，可能想通了，要走已經來不及了。

從民間流傳的〈范蠡商場教訓〉，也看得出他經商的態度和教育後進的方法，善長於旁敲側擊的警示：議價要明訂，含糊則爭議多；賬目要稽查，懶怠則資本滯；主心要鎮定，妄作則誤事多……（註三）這些警示都是平常言語，卻是商人的「真理」。

范蠡非「純道」亦非「純商」，而是「道商」。〈中國道商賦〉曰：「道商者，商之大也！道為神，商為形；道為體，商為用。以道啟心，以心啟智，以智啟財，以財啟眾，眾皆歸道。使天下之眾趨道若趨利者，非道商而孰能擔之？」（註四）如是之境界，同禪師之開示佛法，警示如「棒喝」，聞之者必有所悟。

第二節　指桑罵槐之理論、詮釋與舉例說明

並戰計

第二十六計：指桑罵槐

【原　文】

大凌小者，警以誘之。剛中而應，行險而順。

【按　語】

率數未服者以對敵，若策之不行，而利誘之，又反啟其疑；於是為自誤，責他人之失，以暗警之。警之者，反誘之也。此蓋以剛險驅之也。或曰：此遣將之法也。

【注　解】

凌小者，警以誘之：凌，欺侮、壓迫、統制等意。這可指：統領和約束之意。此句意為強大者要控制弱小者，要用警告的辦法去誘導他。剛中而應，行險而順：語出《易經・師》封。師，卦名。本卦為異卦相（坎下坤上）。本卦下卦為坎為水，上封為坤為地，水流地下，隨勢而行。這正如軍旅之象，故名為「師」。本卦《彖》辭：

「剛中而應，行險而順，以此毒天下，而民從之。」以此卦象的道理來督治天下，百姓就會服從，這是吉祥之象。「毒」，治的意思。本計運用此象理，是說治軍，有時採取適當的強硬手段，便會得到應和，行險則遇順。

【譯　文】

力量強大者欲控制弱小者，要以警告的方式誘導、強迫他。適當地採取威嚴的態度與手段，可以使對方服從且獲得支持。

【出　處】

此計見於《紅樓夢》第十六回，「鳳姐道：『你是知道的，咱們家所有的這些管家奶奶，哪一個是好纏的，錯一點兒，他們就笑語打趣，偏一點兒他們就指桑罵槐。……』」

亦見於《金瓶梅詞話》第六十二回，「他每日那邊指桑樹罵槐樹，百般稱快，捲娘這屋裡分明聽見，有個不惱的？……」

【成功關鍵因素】

本計之別名：原意指真正要評者為A（槐），但若不便於正面指責時，就要藉以指責B（桑）來間接批評A的手段。「指桑罵槐」是一種施用威嚴使對方敬服的謀略，多用於軍事上的管理，此計含有「殺雞儆猴」、「敲山震虎」、「旁敲側擊」含意。

本計謀要旨：在軍事與企業管理上，皆常見此計之運用。在企業的內部管理中，商戰如兵戰，若想取勝擁有一支強硬的部隊，這是需要嚴明的紀律來維護的。領導者讓部屬心服口服，乃須恩威並施，但強硬的手段不一定適合所有情況。間接的暗示，有時候會比直接的斥責更顯效果，處罰一名或少數幾位部屬，卻能達到全數部屬的順從，並有擁戴的目的。其關鍵在於，法令須明確，且執行時要賞罰適中，懲嚴過當或不及都可能降低效果，運用得當，以威權建立，收服人心。

取代直接向顧客推銷的方法，而在顧客心中建立深刻的印象，以征服顧客的消費心態。

商場用計：此計亦常見於商場經營，面對競爭對手時，可用強而有力的手段來敵退之，並進而震懾其他競爭者。或者是採用小技巧，

【歷史案例】：淳于髡諷諫齊王

淳于髡是戰國時期知名的辯令家，他雖出身卑微、身材矮小，但博學多聞且能言善辯，經常代表齊國出使各國，他善於通過「指桑罵槐」來勸諫，得到齊國君王的器重。

齊威王當政初期，沉浸於酒色之中，不問政事，國政因此混亂，但周遭的官員卻不敢勸諫。淳于髡便對齊威王說：「齊國有一隻鳥，在大王的庭院內，三年來不鳴叫也不飛走，不知道為什麼這樣？」齊威王頓時明白他的用意，回答說：「此鳥不飛則已，一飛衝天；不鳴則已，一鳴驚人。」從此齊威王治理朝政，收復失土，開始壯大齊國。

齊威王八年，楚國出兵進犯齊國，齊威王派淳于髡去趙國討救兵，準備了黃金百兩、車馬十輛。淳于髡見了卻仰頭大笑，齊威王不解，便問說：「先生難道嫌這些東西少、排場不夠大嗎？」淳于髡回說不是，他解釋：「今天我看到一個人在田邊，拿著一隻豬蹄和一杯酒祈禱，請土地保佑五穀豐收。他的祭品那麼少，想得到的又是那麼多，所以我禁不住要笑他。」齊威王聽了，知道淳于髡暗喻贈禮不夠，乃再加多。於是出使趙國，請來十萬精兵，楚國聽聞後立即撤兵。

齊威王非常高興，因此擺宴慶賀，招待出使歸來的淳于髡。席間，齊威王問淳于髡飲多少酒才醉，淳于髡表示自已飲酒可多可少，接著說：「大王若賞酒給我渴，我非常遵守的喝酒，這樣喝不了一斗就醉了；如果有貴客來我家，客人不時敬酒給我，我就能喝兩斗；若是跟不常見面的老朋友，一邊談心一邊喝酒，大約能喝五六斗；但如果是年終鄉社聚會，大家彼此勸酒，就算喝到八斗也只有二三分醉意，若是宴會後，主人打發其它客人離開卻留我下來繼續飲酒，這時我心情最好，喝下一石也不醉。俗話說：『酒極則亂，樂極則悲；萬事盡然，言不可極，極之而衰。』」齊威王聽了相信其言，便不再徹夜飲酒。

【現代案例】：梅考科巧解矛盾

美國國際農機公司創始人西洛斯・梅考科，大多人都知道他創出的推銷術相當有名，而在公司人事管理上，他向來秉持「制度面前人人平等」，在制度面上他堅持原則，在人情面也能妥善化解員工的不滿，其管理員工很有一套。

有一次，一名老工人在公司裡酗酒鬧事，與工頭大吵一架。在公司規章裡，不管是誰違反了這一條，都必須接受開除處分，但是這位老工人已經跟了梅考科二十年，有著患難之交的感情，當梅考科知道這件事後，遲疑了一會，但還是發下「立即開除」的批示。

當下班時，這位老工人拿著開除令氣急敗壞的來到梅考科辦公室，怒氣的說：「梅考科，你他媽的真不是東西！當年你負債累累、工廠瀕臨倒閉，就算三個月沒發給我薪水，我一樣為你賣命。今天你卻為了這點小事開除我，你還有沒有良心啊！」等這位老工人罵完，梅考科才說：「我要是沒良心，不等你把話說完，早就叫人把你轟出去了。身為老工人，公司的規定你不是不知道，為什麼還要違反呢？」

原來，老工人的妻子過世了，留下兩個孩子，最近，其中一個摔斷腿住進醫院，另一個因為吃不到母乳，成天在家哭鬧。他心情不好，就想一醉解千愁，醒過來剛好被工頭抓到，工頭什麼也不問就先訓了一頓，他一氣急就跟工頭吵了起來。

梅考科知道詳情後，親切的責備老工人糊塗，他要老工人趕緊回家處理妻子的後事並照顧好孩子，然後拿出一疊錢塞到老工人手上。老工人感激的握緊梅考科的手，疑惑的問：「那你要收回開除我的命令嗎？」

梅考科並沒有收回命令，他堅持制度必須遵守，所以還是決定開除老工人，不過，梅考科安排老工人到自己的一個牧場當管家。梅考科巧妙的處理，兼顧制度與情理，老工人對此感到相當滿意。

第三節　指桑罵槐情境：關鍵、執行與練習

很顯然的，指桑罵槐並非「人人會用」那樣隨便。它用於內部管理、領導統御，用於帶領團隊打拼，是一種統御藝術和說話藝術，不是隨性（興）罵人。

絕大多數我等，沒有機會在國際爭長短，也沒機會領導大財團，但有機會經營一個中小公司或帶領團隊。如何能讓團結一心！若有人造反，你能像西格斯・梅考科，那樣巧解矛盾否？

指桑罵槐要素及反思

——運用暗示手段達到統御下屬與建立主管威嚴的一種計謀

1.關鍵要素：

・以迂為直，暗中施以力量。

・你影響對手的行為及判斷。

・不直接攻擊，注意力集中另個目標。

・向對手傳送了相反信息，展示你的實力，透露了意圖。

・對手重視你的實力和意圖，改變了行動。

2.執行的問題：

・你希望對手幹什麼？目的何在？

・對手受那些因素牽制。

・你用什麼信息引誘他這樣做？（盡可能列舉）

・側翼或迂迴作戰有法備嗎？

・什麼「佯攻」可以傳遞給他這種信息？

・對這種「佯攻」，誰是你「公開的對手」？

3. 執行指桑罵槐的自主練習九宮格

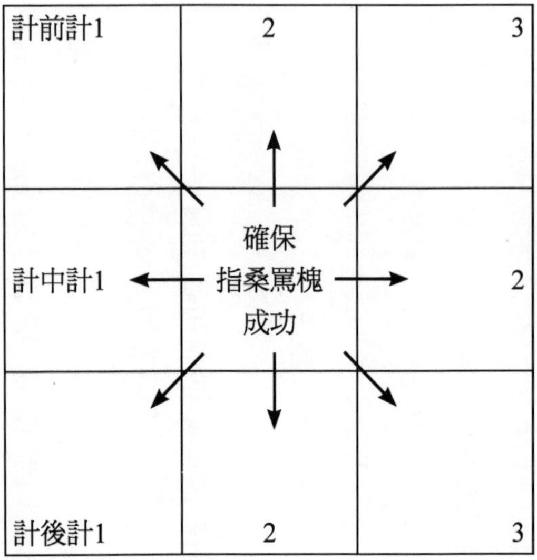

小 結

(1)**應用特性** 應用於控制經銷商、零隻商以及產品競爭。經銷商的不斷優化整合是市場的需要、發展的需要，這是不可避免的，不是感情的問題；強力整合經銷商可能使網絡劫殺；而殺一儆百，敲山震虎是比較穩妥的方法，對惡意對抗的經銷商必須採取果斷措施，比如轉移貸款、惡意拖欠、毀壞企業信譽等行為，如果企業判斷出合作對方是客觀因素造成合作不順利，可以指桑罵愧，如果是主觀故意破壞合作，就要快刀斬亂厤。從營銷的角度來說，打擊競爭對手的方式有很多，指桑罵愧是比較溫和的方式，也是高超的謀略，企業既攻擊了競爭對手，又讓其無法辯解和採取法律措施對抗，使其產品的弱點和隱私在消費者、經銷商和政府主管部門面前暴露無遺，損害了其品牌的信譽，這種傷痛和傷害是難以治癒的。指桑罵愧營銷上的使用非常廣泛，常常用於攻擊競爭對手。

(2)**市場基礎** 同類產品種類很的市場，競爭日趨激烈。

(3)**產品定位** 樹立產品剛正形象。

(4)營銷目標 攻擊競爭對手，防止對手傍名牌、炒概念。

(5)準備措施 調查對手的各種弱勢以及產品缺陷，準攻擊其最薄弱的地方，最好發現其在市場上發生的負面事件。

(6)措施實施 發動媒體曝光揭露，通過自己產品的廣告宣傳產品的差異性。

【附 註】

註一 漢・司馬遷，《史記》（台北：宏業書局有限公司，民國七十九年十月十五日），頁一七四一。詳見〈越王勾踐世家第十一〉。

註二 同註一，頁一七四六～一七四七。

註三 范聖剛、范楊松，《商戰春秋陶朱公》（台北：聯合百科電子出版有限公司，二〇一九年十二月十五日），第二篇，第九章。

註四 同註三，附錄一。

第二十七章 假癡不癲

假癡不癲，從裝瘋賣傻、裝聾作啞轉化而來。此計多在面對難關之際，準備有所行動，蓄而待發時使用。「假癡」的表現有多種形式：假作不知、假作不為、假作不懂、假作不管、假作不能、假作病死……可能尚有其他創意。但無論如何假作，把握「不癲」，即不能走火入魔，自己內心必須很清醒。

本計有四重含義：㈠大智若愚，環境不利時，避鋒芒以自保，乃「韜晦之術」；㈡深藏不露，「謀出於智，成於密，敗於露」；㈢愚兵必勝，穩定軍心；㈣扮豬吃虎類似㈠㈡，明明是智者，要讓人看起來像豬，還要幾分表演工夫。所謂「愚兵」乃孫子兵法所述。（註一）

> 將軍之事，靜以幽，正以治，能愚士卒之耳目，使之無知。易其事，革其謀，使人無識；易其居，迂其途，使人不得慮……若驅群羊，驅而往，驅而來，莫知所之。聚三軍之眾，投之于險，此將軍之事也。

這便是一支能打仗的戰力，士卒沒有自己，只有服從與作戰，在指揮官統一指揮下誓死達成任務。歷史上假癡不癲史例，以孫臏和司馬懿最經典，范蠡因道家性隱較少被傳述，還是很經典。

第一節　范蠡與假癡不癲

假癡不癲基本操作時機模式

面對千變萬化的戰場，寧可假裝不知，而不採取行動，也不可假裝知道而輕舉妄動。尤其在敵情難以掌控之際，各種險境狀況不斷出現，此時要不露機鋒，沉潛謀劃，時機成熟而動。

所謂善於指揮、領導、管理之人，並不以機智多謀、衝鋒陷陣來凸顯他的勝利。當行動時機尚未成熟，應該鎮定不移，如同白癡。裝癡的足以取勝，癲狂的招致失敗，所以裝瘋賣傻可用於對敵作戰，也能用於治軍。

任何政、軍、經、心的戰場上，必有對手或同台競爭者。儘管自己有強大的優勢戰力，但故意不露鋒芒，甚至故意先打一場敗仗（驕敵），顯出軟弱可欺的樣子。待適宜時機，一舉殲敵，這就包含了本計四重含義之用。

假癡不癲擴大運用時機模式

假癡不癲做為一種韜光養晦之術，實在是一種至深之謀略，尤其在力量相對弱勢時，環境又險惡的狀況下，做為圖存發展的戰略指導，例如早年鄧小平同志說的「不可太早把頭伸出來」。等到力量強大後，改用強硬的態度和戰略，如現在的習近平同志。

弱者對強者，在戰略上必先採韜光養晦之路，意在「先求生存、次求發展」，不要未起步被殲滅。所以，「假癡」是一種很高的戰略、戰術，可以說三十六個計策都須要一點韜光匿跡的智慧。大兵法家孫子把這種智慧放在他的名著之第一篇〈始計〉。（註二）

兵者，詭道也。故能而示之不能，用而示之不用，近而示之遠，遠而示之近。利而誘之，亂而取之，實而備之，強而避之，怒而撓之，卑而驕之，佚而勞之，親而離之。攻其無備，出其不意，此兵家之勝，不可先傳也。

《孫子兵法》一書的思想背景，很多來自老子，而老子的弟子計然是范蠡的老師。孫武在吳國時，正好范蠡也在越國，范蠡崇拜孫武，〈始計〉這段話范蠡最能領悟。相信任何有心努力有為之人，若能領略這段話用於人生諸領域，必有大用。

范蠡的假癡不癲

假癡不癲的四重含義，基本上就是道家風格，我們看老子、莊子和計然都是相同風格的「基因」。這是一種師道思想的傳承，表現於外在行為顯得極為沉潛隱謀。在《太平御覽》一書，記載范蠡的老師計然。（註三）

計然者，姓辛氏，名文字，其先，晉國亡公子也，博學無所不通。為人有內無外，形狀似不及人，少而明，學陰陽，見微而知著。其行浩浩，其志泛泛，不肯自顯諸侯，陰所利者七國，天下莫知，故稱曰計然。時遨遊於海澤，號曰「漁父」，曾南遊越，范蠡請見越王，計然曰：「越王為人鳥喙，不可與同利也。」范蠡知其賢，卑身事之，請受到，藏于石室，乃刑白鷸而焉。

范蠡把一生從政從商的成就，歸功於他老師計然的思想指導，計然是當時「七個國家的地下財經顧問師」，竟「天下莫知」。計然的兩個「隱形」工夫，「好隱、好謀」，使他成為中國最早的「地下工作者」。（註四）這些道家的核心智慧和「高科技」，全被范蠡「收割」下來，並發揚光大。范蠡在第一徙就演出大套「裝瘋賣傻」。（註五）

其為結僮之時，一癡一醒，時人盡以為狂。然獨有聖賢之明，人莫可與語，以內視若盲，反聽若聾。大夫種入其縣，知有賢者……

這是《越絕書》的一段記載，他從小就與眾不同，大家不了解也。他「一癡」是假癡，「一醒」是不癲，只有識貨的縣令文種知其賢，有聖賢之明。別人都當他神經病，在《越絕書・范伯第八》另說：（註六）

> 昔者范蠡其始居楚，曰范伯。自謂衰賤，未嘗世祿。故自菲薄，飲食則甘天下之無味，居則安天下之賤位。復被髮佯狂，不與於世。

「被髮佯狂，不與於世」，根本就是一種「假癡不癲」的自我行銷，創意創奇的高招，他很早就懂「韜晦學」，後來從政從商都保持隱謀風格。他和勾踐在吳國當了三年「越奴」，范蠡又把自己裝成一頭豬。

《東周列國誌》有一段記載，某曰夫差召見勾踐二人，夫差對范蠡說：「子君臣並為奴僕，囚於一室，豈不鄙乎？寡人欲赦子之罪，子能改過自新，棄越歸吳，寡人必當重用。」范蠡答說：「臣聞，亡國之君不敢語政，敗軍之將不敢語勇。臣在越不忠不信，不能輔佐越王善，致得罪於大王，幸大王不即加誅，得君臣相保，入備掃除，出給趨走，臣願足矣。」（註七）在夫差眼裡，此刻的范蠡只願在吳國當王的奴僕，和一頭豬有什麼差別？

范蠡二徙到了齊國，他改名換姓就叫「酒囊飯袋」（鴟夷子皮），還用以當成商號品牌。他一輩子不論做什麼，好像就在「吃飯喝酒」間把事情都搞定，而天下莫知！

第二節 假癡不癲之理論、詮釋與舉例說明

並戰計

第二十七計：假癡不癲

【原 文】

寧偽作不知不為，不偽作假知妄為。靜不露機，雲雷屯也。

【按 語】

假作不知而實知，假作不為而實不可為，或將有所為。司馬懿之假病昏以誅曹爽，受巾幗假請命以老蜀兵，所以成功；姜維九伐中原，明知不可為而妄為之，則似痴矣，所以破滅。兵書曰：「故善戰者之勝也，無智名，無勇功。」當其機未發時，靜屯似痴，若假癲，則不但露機，且亂動而群疑。故假痴者勝，假癲者敗。或曰：「假痴可以對敵，並可以用兵。宋代，南俗尚鬼。狄青征儂智高時，大兵始出桂林之南，因佯祝曰：「勝負無以為據。」乃取百錢自持，與神約，果大捷，則投此錢盡錢面也。左右諫止，儻不如意，恐沮師。青不聽。萬眾方聳視，已而揮手一擲，百錢皆

面。於是舉兵歡呼，聲震林野，青亦大喜；顧左右，取百丁來，即隨錢疏密，布地而帖丁之，加以青沙籠，手自封焉。曰：「俟凱旋，當酬神取錢。」其後平邕州還師，如言取錢，幕府士大夫共視，乃兩面錢也。

【注　解】

寧偽作不知不為，不偽作假知妄為：寧可假裝著無知而不採取行動，不可以假裝假知而去輕舉妄動。靜不露機，雲雷屯也：語出《易經・屯》卦。屯，卦名。本卦為異卦相疊（震下坎上）的《彖》辭又說「雲雷，屯。」坎為雨，又為雲，震為雷。這是說，雲於上，雷動於下，雲在上有壓抑雷之象徵，這是屯卦之卦象。《周易姚氏學》解：「冬雷藏地中，至春乃激薄而出。」這裡可解為：迅猛激烈的雲雷藏入地裡。

【譯　文】

寧可裝糊塗而不行動，也不要自作聰明地而輕舉妄動。理應沉著冷靜，不露出任何心機打算。就像雷電在冬日隱藏不動，伺機待發。

按：假裝不知道的，實際上卻非常清楚；假裝不能作，事實上卻是因為不能作，或者等待時機的到來再去作。三國時，司馬懿假裝衰老病昏，使曹爽失去警惕而殺死曹爽；接受諸葛亮送來的婦女首飾、衣服，故意上表假請命，堅壁不戰，致以疲勞蜀軍，所獲得成功。姜維九次率兵討伐中原，明知道這樣做不行，而偏要輕舉妄動，如此行動，真的像是笨蛋了，所以他得到了失敗。《孫子・勢篇》說：「善於作戰而取得勝利的人，並不貪圖取得機智的名譽，也不誇耀自己勇敢與功勞。當戰機未到時，鎮定待命如同發呆；如果佯作癲狂，就不慎暴露了戰機，而且會因為錯誤的行動，而引起大家的猜疑。所以，裝呆的，必興；佯作癲狂的，必敗。」有人說：「裝呆，既可以用來對敵作戰，又可以用來指揮部隊。」宋代，南方有崇拜鬼神的風俗。狄青征伐儂智高時，大軍剛到桂林以南，行經一大廟，他向廟神祈求說：「這次用兵，勝敗未有把握。」於是拿了一百個銅錢，向神明許願：「如果能夠打勝敵人，我們擲出的一百個銅錢就會出現正面，即表示一定會獲勝。」左右幕僚都對他說：「如果弄不好，恐怕會影響部隊士氣。」狄青笑而不答，逕自在士兵面前丟起銅錢來，結果一百個銅錢的面都是朝上。這時，全軍歡呼，官員見狀，軍心大振。狄青命左右侍從，將銅錢用釘子釘在地上，然後親手上青紗好說：「等凱旋歸來時，一定要再酬謝眾神，收回銅錢。」後來，狄青討伐賊寇、凱旋賦歸後，他的僚屬們在收回銅錢時仔細審視，原來那些銅錢都是兩面花紋都是一樣的。

巾幗：婦女首飾。

姜維（西元二〇二年～二六四年）：諸葛死後，是蜀漢軍事的統領者。他數次北代，勞師無功，過多的損耗兵力。後被迫自動放棄漢中，退守漢東（今陝西城固）。

狄武襄（西元一〇〇八年～一〇五七年）：即狄青。武襄是他死後的謚號。北宋名將，西河（今山西汾陽）人。士兵出身，很受范仲淹的賞識，並得到他傳授的兵法，後來在對抗西夏戰爭中，立奇功。西元一〇五二年，擊破了儂智高軍隊。次年升為密使同平章事，旋即被排擠去職，出判而死。

儂智高：宋代廣州蠻族。儂氏自唐知就稱雄於西原（今廣西），世襲為州的首領。唐末，猶州儂全被交址人所殺，其妻改嫁而生智高。交址人派官吏治廣源州，儂智高起兵襲安德州，盤據廣南，攻邕州，建立南天國。後被狄青大敗，死於大里。

【出　處】

此計見於《紅樓夢》第六十二回之標題：「尉遲恭詐稱瘋魔」。

【成功關鍵因素】

本計之旨意：假痴，裝聾作啞，不動聲色；為癲，既不張牙舞爪，東奔西跑，一點也不輕狂。意為：假裝的呆子，外表看起來像傻瓜，但內心卻是非常清醒的。用來比喻軍事上，偽裝笨重刻板，而行動起來卻是精密、靈活的。這是一種欺騙麻痺敵方，和愚弄我方士兵，以實現戰略目的的詭計。

核心思想：此處主要思想，是以退求進，後發制人，這不是凡人都能做而的。它要求用計者要有長遠的謀略、寬大的胸懷、過人的智慧，和堅忍的毅力。這是在古時，歷代王朝爭奪中，政治家常常弄的一種權術。在條件不利或不宜於表態之時，表面上裝傻充呆，碌碌無為，木訥而無主見，以掩蓋內心的政治抱負，避免政敵對自己的警覺。

運用重點：使用「假癡不癲」之計是為欺瞞，重點在於偽裝。裝瘋賣傻，骨子裡卻算計很周密，這就是它的特色。賣巧弄乖、盡力現自我的聰明所在，是人性的本能。但是從謀略的角度來看，有時假裝糊塗，卻比自以為聰明外顯，來得高明多了。在政治權謀或軍事謀的角力中，若條件不佳、居於弱勢，表面上裝瘋賣傻，可以躲避禍害，讓敵手放下戒心，而事實上，卻是暗中留心敵手的動靜，一百時機成熟，便可出奇不意而致勝。此具韜光養晦、大智若愚的意涵。在商場上不僅可用來欺瞞競爭對手，銷售產品時也可以運用到顧客身上。

用計心法：「假」可以隱藏鋒芒，降低對方的戒心，這就是為什麼許多「貌似忠厚老實」的人，往往是最成功的謊言家。表面上「假痴」，但心裡要時常保持清醒，冷靜地把握市場上潛藏的商機，才能在對手渾然不覺的情況下，伺機而動，獲得最大的利益。

【歷史案例】：司馬懿韜光養晦殺曹爽

三國時期，魏明帝死後，幼子曹芳即位，朝政由曹爽與司馬懿共同掌政。曹爽為了擴張勢力，引薦自己的心腹做官，且解除司馬懿兵權，遷官做太傅。司馬懿見曹爽勢力強大，無法與曹爽抗衡，於是稱病不上朝、居家不出。

曹爽大權在握、得意忘形，但對司馬懿仍有點忌憚，適逢親信李勝出任荊州刺史，曹爽於是派他到司馬懿家中辭行，借機一探虛實。

李勝到訪，司馬懿明白其用意，於是摘掉帽子、散開頭髮，讓兩位婢女攙扶著他，坐在床上，佯裝重病的模樣，再請李勝入內。司馬懿取衣服時，衣服卻掉在地上；當僕人送上一碗粥，司馬懿喝粥時，粥汁則流到胸前。李勝對司馬懿說，他要調到荊州，不是并州。」司馬懿卻又道：「你是從并州來的？」李勝見司馬懿如此衰敗不堪的姿態，認為司馬懿必是病入膏肓，辭別後，將情況報告給曹爽知道。

曹爽聞言，樂不思蜀，也不再對司馬懿有防範。翌年，曹爽護駕，陪幼主出行掃墓。司馬懿認為時機已到，立即召集昔日的部下，在城中部署兵馬，先是占據軍械庫，後控制都城，最後以謀逆之罪，誅殺曹爽一家，獨攬大權。

【現代案例】：船王假癡購船

希臘船王歐納西斯（A. S. Onassis），一個聲名顯赫的大名，曾經卻是個流落在阿根廷街頭的窮小子。當初環境最艱苦的時候，他曾在電報公司當電焊工，然後，做起菸草生意，一開始只能鋌而走險的走私買賣，到後來生意穩定轉為正當貿易，歐納西斯一步一步躋身企業家行列。

而真正讓歐納西斯發跡的關鍵，在於一九二九年發生的是世界經濟大恐慌。當多數人都限於絕望之際，歐納西斯卻從中洞察先機。

當時加拿大國有鐵路公司準備拍賣產業，其中包括六艘貨船，這些貨船以每艘二萬美元出售，與十年前價值二百萬元相比，的確是非常低價。然而，由於海運業遇上空前蕭條，海運企業家們都是避之唯恐不及，根本就沒有人願意投資。歐納西斯卻在同行們瞠目結舌下，買下了這些船隻，許多人規勸他，他卻裝作毫不在意的樣子。

其實，歐納西斯看到了別人看不到的前景，他認為經濟復甦終將替代眼前蕭條景象，到時候，物價就會從暴跌轉為暴漲。若是先趁機將物件便宜的買下，待價格回升後，轉手出去將得到一筆暴利。

當經濟危機過後，海運業回升並居於各行業之首，歐納西斯買的那些船，果然也一夕身價翻增。歐納西斯靠著這些船，開始發展他的海運事業，並逐漸成為海上霸主。

第三節 假癡不癲情境：關鍵、執行與練習

做生意發大財（富豪、大企業家級），有什麼方法可以遵循？說來很簡單，就是范蠡遵守的「發財第一條定律」，「貴出如糞土，賤取如珠玉：低價買入，高價賣出」。（註八）就是這麼簡單，太簡單被人「輕視」。

如歐納西斯，在適當的時機，二百萬的船用二萬買來（他裝傻），不久價格暴漲。這恐怕不是「傻人有傻福」可以解釋，親愛的讀者，在現代社會用假癡不癲來發動政變，已經沒機會了；但用於商場競爭逐利，機會越來越多，你韜晦也夠了，以下的反思提供你下決心。

假癡不癲要素及反思

——一種「強而示弱」的計謀

1.關鍵要素：

- 掩蓋平實真相不讓類伺。
- 對手強大和／或你虛弱。
- 表面發瘋或無能力，避免被認為有威脅。
- 對手放下武器，馬上逮住他。
- 迷惑，麻痺對方的耳目。
- 一切都在暗中策劃些行動。

2.執行的問題：

- 確定你要達成的策略目標？
- （對你的計劃）你要防止什麼反應？
- 對手需要相信你選擇不做出反應的是什麼？在你的頭腦中，「癡」意味著什麼？
- 你的搭檔知悉蒙混或突襲的目的嗎？

・每種方式的可能結果是什麼？

3. 執行假癡不癲的自主練習九宮格

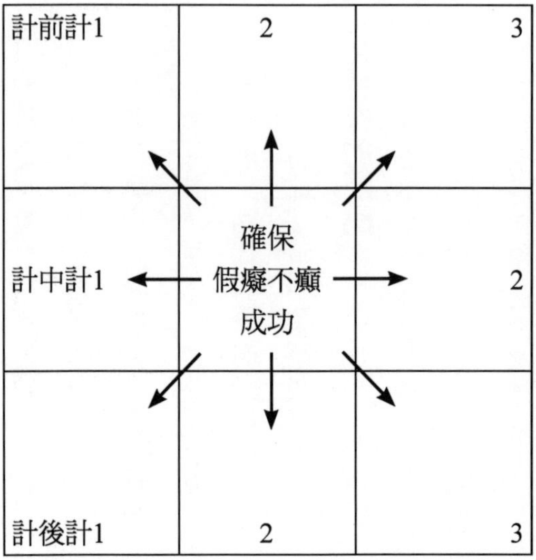

小結

(1)應用特性　應用於控制市場。

當市場上的競爭趨向激烈，己方的經銷商提出更高的要求時候，己方企業必須穩住陣腳，不要過於敏感；企業不要急於調整政策，堅持正確的決策也是營銷的基本素質；調整是必須的，但不要簡單地進行大規模調整，因為這樣做的成本和風險很高。企業應該自行操作新的銷售行為，做好市場促銷，為經銷商做出應付危機的榜樣，而不是不斷地滿足經銷商的不合理要求。

以營銷的角度來說，捨得投入，熱情服務，經常吃小虧，對客戶厚道些，這些都是謀略，過於精明的商人在商圈裡是不受歡迎的。在正常的業務往來中，合作雙方一方獲利另一方賠錢是不正常的，雙贏才能夠合作下去。假痴不癲的內涵是我可以付出，但我不是傻瓜，我付出的意義在於你要更大地付出，然後市場上去共同創造利潤，大家按勞分配。

⑵**市場基礎**　可以是本產品的傳統市場，也可以是新開發的市場。

⑶**產品定位**　持續穩定地創立產品優質形象。

⑷**營銷目標**　不斷謀求與客戶的良好關繫係，不斷地與客戶一起開發市場潛力。

⑸**準備措施**　要及時發現客戶的營銷問題，及時發現市場的變化問題，以保證市場開發方案的不斷更新，至少應該擬定三年周期的市場開發計劃。

⑹**措施實施**　通過耐心和耐力，穩步地開展營銷措施。

【附　註】

註一　魏汝霖，《孫子今註今譯》（台北：台灣商務印書館股份有限公司，民國七十六年四月，修訂三版），詳見〈九地篇〉。

註二　同註一，〈始計篇〉。

註三　范聖剛、范楊松，《商戰春秋陶朱公》（台北：聯合百科電子出版有限公司，二〇一九年十二月十五日），第二篇，第一章。

註四　李海波，《道商范蠡——陶朱公興國富家的人生智慧》（北京：化學工業出版社，二〇一七年八月），頁二七。

註五　漢・袁康、吳平，《越絕書》（台北：世界書局，民國五十一年十一月），頁九二。

註六　同註五，頁九五。

註七　明・余郡魚，《東周列國誌》（台北：大台北出版社，民國七十五年五月），見第八十四回。

註八　同註三，頁八七。

第二十八章　上屋抽梯

此計之原意是誘人爬上高樓，然後搬走梯子，使其進退無路，只好束手就擒（答應條件）。做為一種計策有更廣泛的運用和詮釋，有抽對手之梯，有抽自己的梯（背水一戰）。

誘敵「上屋」是此計關鍵，可誘的對象大約是：㈠貪而不知其害者；㈡愚而不知其變者；㈢急躁又盲動者；㈣情驕而輕敵者。

要「誘」就必須有「餌」，這是「置梯」的工作，不外兩種方法：㈠誘之以利，對象最想得到的利益是「香餌」；㈡示之以弱，欺軟怕硬是人之本性，若佯裝弱小，敵人（對手）就會肆無忌憚過來「吃下你」，進入你事先布好的「口袋」。何時「抽梯」也是學問，有明抽與暗抽、急抽緩抽等，端看客觀環境而定。

歷史上也有很多上屋抽梯史例：韓信背水一戰破陳餘、劉琦求孔明救命之法、李世民逼父親起兵反隋、北宋曹瑋智破西夏軍、包公判「冒牌母親」案、希特勒和戈林的「紅娘計」、隆美爾兵敗北非等。

第一節　范蠡與上屋抽梯

上屋抽梯基本操作時機模式

上屋抽梯不論用於任何時機模式，都有三個必須深思並確定的工作設計：㈠在何處讓敵人「上樓」，即計畫要殲敵的戰場位置；㈡設「梯子」，誘敵的「餌」；㈢敵人「上樓」（進入預設殲敵區）後，取走梯子（即斷退路、阻後援）。

無論政治、軍事、商戰等諸種競爭，乃至敵對火拼狀態下，故意露出己方之破綻，給對方製造「合理的誘因」，讓對手以為有機可乘而採取行動。然後趁機斷其退路，阻其後援，置之於死地。

通常上了戰場的各方，定皆各出奇計，很不容易上當，但人性都有弱點，沒有誰是完美全能的神。對性貪之敵誘之以利，性驕之人示之以弱，無謀者設計誘之較容易，好色者當然誘之以美人。

上屋抽梯擴大運用時機模式

上屋抽梯是進行「戰場動員」的手段，是「置之死地而後生」戰法，目的是激發以「死」求「生」的潛能。孫子在其兵法〈九地篇〉說：「帥與之期，如登高而去其梯，帥與之深，入諸侯之地而發其機。」（註一）把自己的團隊置於有進無退之地，破釜沉舟，迫使我方人員與敵人決一死戰。

以上屋抽梯進行戰場動員，配合領導者的統御藝術和敵我情勢，產生更廣泛意涵：㈠激發部下的忠勇精神，提昇生命價值，使之死戰；㈡針對人求生愛勝心理，進行必死則生的教育訓練；㈢以自己的積極鼓舞士氣，上之所為，人之所瞻；㈣相望以威的群眾心理，堅定必勝信心；㈤不得已則戰時，主動斷絕退路，併死一戰。

上屋抽梯在現代企業經營也有重大價值。經營不好，員工照樣有「梯子」下（薪水照拿），有了「鐵飯碗」，人會失去進取心和責任感，反正好壞一樣。若抽掉「梯子」（打掉鐵飯碗），人就會努力拼戰，在一潭死水中誰會奮進？若回到「進化論舞台」，更都全力奮戰。

范蠡的上屋抽梯

范蠡的三徙，無論從動機、過程、作為和結果看，可以說就是三次自己的「上屋抽梯」，三回背水一戰，都得到完勝成功。千古以來，大家都在傳頌他的三徙，他何來的膽識、智慧，勇於抽掉自己下樓的「梯子」？斷了自己的退路、後援，只能勇往直前！

先看他的第一徙，從楚國奔往越國，一去不回。大約從范蠡的童年到十八歲奔越，此期間是楚國政局最腐敗黑暗的時期。他十四歲這年（周敬王十四年、楚昭王十年、吳闔閭十三年），吳國由伍子胥策劃伐楚，楚國「亡國將近一年」，楚都郢城被吳軍佔領。（註二）這些事情對青少年的范蠡影響很大，因為他胸懷大志，想為楚國做出大貢獻，可惜沒機會。他決心到越國發展，他一去無回，他抽掉自己的「梯子」，直到老死於陶地，沒有任何證據顯示他曾回到楚國。

再看二徙，戰後離開越國到齊國經商。現代中國大企業家馬雲曾戲說：「男人大膽去經商，女人大膽不化粧。」（註三）離越前范蠡也說過一段話，《史記・貨殖列

傳》如是記載。（註四）

范蠡既雪會稽之恥，乃喟然而歎曰：「計然之策七，越用其五而得意。既已施於國，吾欲用之家。」……十九年之中三致千金，再分散與貧交疏昆弟。此所謂富而行其德者也。

這段話大概可以證明范蠡大膽要去經商，這合乎他的專長，他有計然的財經背景，又有計然法寶「計然七策」。（註五）從此開始，他抽掉從政的「梯子」，斷絕重回越國之路，也等於抽掉回越國的「梯子」。他的決心，背水一戰，勇往直前，三致又三散千金。

他的三徙也是，齊人要請他當宰相，他驚覺不祥，乃進行三徙。他放棄多年在齊國打下的基礎（梯子），率領家人、主僕、員工，到陶地重新開始，也是背水一戰的決心。（註六）研究范蠡一生的行事風格，他常在自己或別人「上樓」後，再抽掉「梯子」，包含勾踐、夫差、伍子胥、伯嚭等角色，也是被他「誘」上樓，又抽掉梯子！

第二節　上屋抽梯之理論、詮釋與舉例說明

並戰計

第二十八計：上屋抽梯（上樓去梯）／過河拆橋（過橋抽板）

【原　文】

假之以便，唆之使前，斷其援應，陷之死地。遇毒，位不當也。

【按　語】

唆者，利使之也，利使之而不先為之便，或猶且不行。故抽梯之局，須先置梯，或示之以梯。如：慕容垂、姚萇諸人慫秦苻堅侵晉，以乘機自起。

【注　解】

假之以便，唆之使前，斷其援應，陷之死地：假，假借。唆，慫恿。死地：死絕之地。遇毒，位不當也：此語出自《易經・噬嗑》卦。噬嗑，卦名。本卦為異卦相疊（震下離上）。上卦為離為火，下卦為震為雷，既是打雷，又為閃電，顯得十分威嚴。又離為陰卦，震為陽卦，是陰陽相濟，剛柔相交，比喻要恩威並施，嚴明結合，

故卦名為「噬嗑」，意為咀嚼。本卦六三。《彖》辭：「遇毒，位不當也。」本來是說：搶吃臘肉中了毒（古人認為臘肉很不新鮮，含有毒素，吃了可能中毒），因為六三陰爻居位陽位，是位不當。

【譯　文】

故意露出破綻，給予敵人方便的條件，以利益引誘他前進，然後阻斷敵人的前應及後援，使他陷入絕境。敵人會遭受如此禍害，乃因其貪圖不應得的利益所致。

按：唆，就是用小利去引誘。如果只有小利引誘，而不大開方便之門，那敵人或許訦猶豫不動了。因此，凡用「上屋抽梯」之計謀時，必須先安置好梯子，讓敵方不懷疑；如果那裡有了梯子，就要顯示出來，讓敵人知道。如慕容垂、姚萇等人，慫恿秦苻堅南下侵入晉國，以便乘機自己起來。苻堅上了他們的當當，全師南下，大敗於淝水，竟為慕容垂、姚萇等所乘。

【出　處】

此計依據於《孫子・九地篇》：「帥與之期，如登高而去其梯；帥與之深入諸侯之地，而發其機。……」

此計見於《三國志・蜀志・諸葛亮傳》：「劉表愛少子琮，不愛長子琦。琦求自安之術於諸葛亮，亮輒拒之。琦乃偕亮遊園，上樓去梯，曰：『今日上不至天，下不至地，出子口而入吾耳，可以言未？』」。

【成功關鍵因素】

本計的三種意義：一、引誘敵軍，使之猛進，然後截斷其退路，而加以擊滅。二、自斷退路，布下背水一戰的策略，使自己的部隊陷入死地，讓士兵們都能許下必死的決心，奮戰到底。三、自己得利之先機，不讓後繼者續者至。

「上屋抽梯」是一套「誘逼術」：在「抽梯」之前要先安置梯子，這個梯子要讓對手覺得有利可圖，或我方要顯現出可乘有機的假象，引誘對方到我方設下的圈套後，再迅速截斷對方的後路，對方在無計可施的情況下，不得不接收我方的條件，而依照我方的意志行動。

商場應用：這種「先誘後逼」的技倆，現今常見商戰競爭中，用以對付競爭對手或消費者。面對不同的對象，安下不同的梯子，亦採取不同的手段，來達到引誘的目的，將對方導向錯誤的途徑。又可為利用對方失勢時，引導他落入自己所設下的圈套，將其逼上絕路。如何誘上「上屋」是重要的關鍵；往往掌握敵方的心理，給他最需要的東西，並假裝外行，讓對方以為占到便宜。現代商戰中，「上屋抽梯」不失為一個占領市場的好計策。以優質的產品、良好的服務，使消費者、經銷商進入自己所設置的圈套，然後依自己的意願行事，最後成功占領市場。

此計應用於企業管理亦見成效。做為企業之經營，要讓員工持有憂患意識，抱著背水一戰的想法去打拚，因而激勵出全體的高效率，員工上下同仇敵愾，有助於企業持續成長。

【歷史案例】：李淵舉兵反隋

隋朝末年，隋煬帝荒淫殘暴、橫徵暴斂，弄得老百姓苦不堪言，人們因受壓迫而紛紛起兵反抗。

李世民見隋朝大勢已去，正是成大事的時機。若憑家族勢力，李家一定能成為起義軍的佼佼者，李世民屢次勸說自己的父親李淵起兵反隋，但是李淵非但不同意，甚至要抓拿自己的兒子給官府治罪。當時，李淵有一名好朋友，叫裴寂，他和李世民的想法相合，於是，兩人商議逼迫李淵策反的計謀。

有一天，裴寂在晉陽宮設宴，邀請李淵相聚，李淵不疑有他，便高高興興去赴會。美酒佳餚擺滿桌，身旁還有幾位舞女跳舞助興，李淵是愈聊愈開心，不久便有了醉意。隔日早晨，當李淵從睡夢中醒來，發現身旁有兩立美人同床共枕，一問得知兩人竟是晉陽宮的妃子，他大吃一驚，心頭大亂。

按當時法律，李淵犯下的是大逆不道之罪，李淵心中因此產生相當大的壓力。裴寂與李世民兩人則趁機勸解他，隋煬帝對李淵早就心存疑忌，如果這事情讓他知道了，肯定會找藉口殺了他，甚至誅滅九族，事已至此，不如起兵自保，借機奪取天下。

李淵思來想去，發現自己沒有其他退路，在權衡利弊下，終於決定率眾起兵。西元六一七年（隋大業十三年），李淵以反隋煬帝之名義，從太原出發進攻長安，很快便占領了長安，之後他擁戴楊侑做皇帝，自己則以大丞相身分輔佐國政。隔年，魁儡皇帝楊侑將地位傳給李淵，李淵正式登基，建立唐朝。

李世民與裴寂為了逼李淵反隋，使用「上屋抽梯」的策略，促其犯罪是「上屋」，公開其罪則是「抽梯」，讓李淵處於無路可退的境地，以達到他們的目的。

【現代案例】：ＩＢＭ置死地而後生

一九六〇年左右，世界電腦大廠ＩＢＭ公司投資開發三六〇型電腦，這項投入所有心力研製的新產品，攸關著全公司的存續與否，當時，創辦人湯瑪斯・約翰・沃森（Thomas J. Watson）建構的企業與員工共榮局面，幫助ＩＢＭ公司度過險境。

在三六〇型電腦問世前，美國無線電公司、通用電氣公司、奧斯伯樂公司推出的最新電腦產品，在品質上已勝過ＩＢＭ公司現有的產品，因此不少ＩＢＭ公司的老客戶都被吸引走。此外，一九六二年，美國經濟衰退，股票市場發生慘跌，ＩＢＭ公司的財政也陷入窘境。因此，若三六〇型電腦失敗，ＩＢＭ公司也將面臨破產。

研製三六〇型電腦的工作相當艱難，但大家知道，三六〇型電腦的成敗將決定公司的前途，也影響數萬員工的命運。湯瑪斯・約翰・沃森此時也強調了員工持股是與公司成為一體的作用，在公司團隊精神傳統的驅策下，全體員工的積極性提高，日以繼夜的工作。

一九六五年，三六〇型電腦研製成功，一九六六年底，靠著三六〇型電腦，ＩＢＭ公司收入大增，純利潤高達十億美元。湯瑪斯・約翰・沃森使用的便是「上屋抽梯」的謀略，在企業與員工利益密切關聯的情況下，宣布公司陷入險境，激發全公司上下同仇敵愾的精神，發揮了「置死地而後生」的作用。

第三節　上屋抽梯情境：關鍵、執行與練習

上屋抽梯也必然存有風險，因為不論歷史或現代，所謂「背水一戰」失敗亦多，非有膽識和智慧，難以完勝成功。倒是精神上的背水一戰，置之死地而後生，當成士氣鼓舞，精神戰力動員，較合於現代社會使用。

但西方的東西難以照搬來中國用，湯瑪斯宣布公司陷入險境而取得大勝，你若照做，員工會不會跑光光！所以上屋後何時「抽梯」（要不要留退路）？還是大學問。以下再提供反思，或許你會更高明！

上屋抽梯要素及反思

——先誘人上當，後斷其退路的計謀

1. 關鍵要素：

・使對方不知變不知害……

・誘使對手進入你控制區域。

・佈置好自己的埋伏兵力。

・封閉對手及自己部下撤退的路線。

- 這激勵你的部下，背水一戰。
- ……使對手於不利地位。

2.執行的問題：

- 偵測對方現在處於什麼狀態？
- 誰是你的對手？
- 計謀裡，你的「屋頂」代表什麼（比如，你的產品部門、你的市場）？
- 你怎樣引誘敵手登上你的屋頂？
- 「抽梯」意味著什麼？
- 自己是否在「斷後」中有危機？
- 執行計謀會產生什麼衝擊力？

3. 執行上屋抽梯的自主練習九宮格

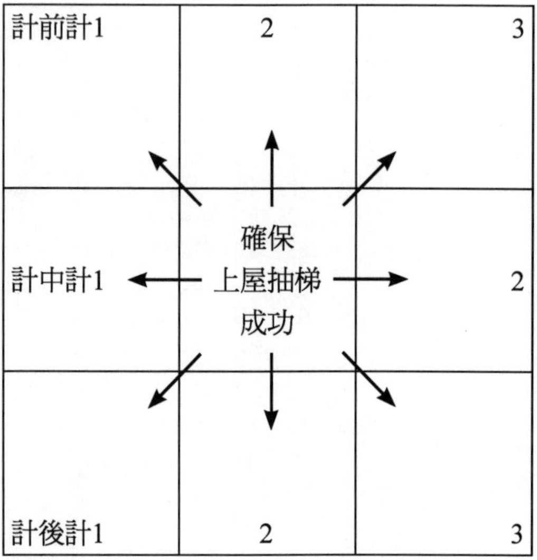

小結

(1)應用特性　應用於控制市場，與競爭對手開展競爭。也可應用於宣傳促銷或者經銷商整合。當同類產品作出同類性質的促銷時，企業前期可以選擇賣點宣傳，比如宣傳複合肥料的產品優勢；當消費者開始認知複合肥料時，要迅速改變促銷重點，轉而宣傳科學配方的優勢；促銷要進一步細化，將複合肥料的差異性宣傳出來，開展差異化營銷。

從營銷的角度來說，上屋抽梯不同於你死我活的戰爭謀略，不一定要置對方於死地，而是將其推到一個只能前進不能後退的境地，是誘惑經銷商、控制經銷商的好辦法。經過預先策劃，讓合作夥伴沿著設計好的方向努力，排除一切干擾，消除不利素，阻斷合作商的退縮之路。

(2)市場基礎　本企業產品的傳統市場，有良好的合作夥伴。

(3)產品定位　維持產品的優質形象。

(4)營銷目標　經銷商需要整合，網絡需要整合，需要新模式營銷。

(5)準備措施　準備新合作方案，準備新營銷模式的操作。

(6)措施實施　先聚集人才，再進行模式營銷，最後通過改制整合經銷商。

【附　註】

註一　魏汝霖，《孫子今譯今譯》（台北：台灣商務印書館股份有限公司，民國七十六年四月，修訂三版），見〈九地篇〉。

註二　陳福成，《孫子實戰經驗研究》（台北：黎明文化事業份有限公司，二〇〇三年七月）。

註三　這是網路上流傳馬雲說過的話，趣者可自行查閱，不難查知。

註四　漢・司馬遷，《史記》（台北：宏業書局，民國七十九年十月十五日），詳見〈貨殖列傳第六十九〉，頁三二七五。

註五　范聖剛、范楊松，《商戰春秋陶朱公》（台北：聯合百科電子出版有限公司，二〇一九年十二月十五日），第二篇，第一章。

註六　陳福成，《大兵法家范蠡研究》（台北：文史哲出版社，二〇一八年二月，增訂再版），頁一九五。

第二十九章 樹上開花

本計裡的「樹」，指存在於客觀裡可以借來造勢的東西，這是別人的聲勢，別人的力量（組織黨派等）。而這「花」是主觀的「我」，我力量仍處於弱勢時，借「樹」造勢，以壯大自己。

「花」要如何借「樹」造勢？所以要精心選一棵「樹」，樹上本無花，我將五彩紙花黏在樹上，真假難辨，等於壯大了自己勢力。綜合這樣的憑藉、借勢，本計有三個含義：第一、借局佈勢。自己的力量仍處弱小，尚無力獨立形成一個強大的聲勢（集團）。這時可以借助別人的勢力，佈置有利於自己的陣勢。

第二、虛張聲勢。製造假象，迷惑敵人或對手，掩蓋自身之力弱。第三、求之於勢，同現代選舉所說的「造勢」，孫子也說「求之於勢，不責於人」（後述）。

古今中外無數史例在展演「樹上開花」。田單火牛陣破燕軍、明朝十萬太監在「皇室樹」上開「太監之花」，現在台獨勢力　在「中華民國樹」上開「台獨之花」。如今的中華民國，如明末之皇室。

美國騎在「聯合國樹」上，在全球點燃戰火之花；或借民主人權之樹，開圍攻中國之花。或任何想造反造勢之人，都可借「民主樹」開想要之「花」。

第一節　范蠡與樹上開花

樹上開花基本操作時機模式

當力量不足時，或特別因素需要時，不如加入他人的陣容，形成大於自身力量的氣勢，營造出強大的假象，做為欺瞞或恫嚇的態勢。如同光禿禿的一棵樹，用許多紙花粘在上面，花樹交相煇映，渾然一體。

用於軍事佈陣、政治佈局或商場競爭，其理亦同。把自已有限的資源（人力、物力），加入強大同盟者陣營，使自已氣勢更加凌盛，可以威攝各方。這就是借他方之實力，來壯大自己的辦法。

本計的核心思維是「勢」，憑藉他方（組織黨派）強大的勢力，借來一用，壯大自己勢力，乃至最終成為自己的勢力。這過程中，是否加入他方（如早年共產黨加入國民黨）？這並非「是非題」，是多重「選擇題」。

樹上開花擴大運用時機模式

借「勢」說來容易，要操作得高明也很難，中國歷史上的兵法家、政治家都會談到「勢」。商場上有名言：「最差的人做『事』，中等人做『市』，最高明的人做『勢』。」能借局布「勢」才是樹上開花的境界。孫子兵法特設一〈兵勢篇第五〉（戰爭藝術）：（註一）

激水之疾，至於漂石者，勢也。鷙鳥之擊，至於毀折者，節也。是故善戰者，其勢險，其節短，勢如張弩，節如機發……故善戰者，求之於勢，不責於人，故能擇人任勢；任勢者，其戰人也，如轉木石，木石之性，安則靜，危則動，方則止，圓則行。故善戰人之勢，如轉圓石於千仞之山者，勢也。

簡短的文字，把造勢的理論和方法都講得清楚明白。戰爭要從「戰略態勢」上尋求勝利，不從官兵身上苛求責任，「態勢」贏了就是贏了。但「勢」從何處可以「造」出來，諸葛孔明在他的兵法說：（註二）

夫行兵之勢有三焉。一曰天，二曰地，三曰人。天勢者，日月清明五星合度，彗孛不殃，風氣調和。地勢者，城峻重崖，洪波千里，石門幽洞羊腸曲沃。人勢者，主聖將賢，三軍由禮，士卒用命，糧甲堅備。善將者，因天之時，就地之勢，依人之利。則所向者無敵，所擊者萬全矣。

原來「勢」從天、地、人三者合「造」出，天勢、地勢、人勢全都佔領了有利的戰略態勢，這戰爭不全面大勝也難。其實這樣的論述，早孔明約七百年的范蠡在他的兵法也說過，同是「聖」位級的孔明（智聖），應該是讀過范蠡兵法。何況，這二人，一個在「吳越樹」上開花，一個在「蜀漢樹」上開花，其花皆傳世之經典。

范蠡的樹上開花

范蠡一輩子的兩大事業，興越滅吳和經商，不論從大戰略、軍事戰略、國家戰略、野戰戰略四個層次（註三）看，任一層次都可從「樹上開花」得到詮釋。而他做為一個「良賈」（道商），其「做事、做市、做勢」，都能整合「天勢、地勢、人勢」，得到天時地利人和的助益，故能開出春秋大業的燦爛花朵。

當他和他的主子勾踐在吳國當了三年「越奴」回國後，范蠡啟動「十年生聚、十年教訓」的造「勢」計畫。但衝動又少智的勾踐急著要伐吳復仇，幾回都被范蠡勸阻，他們之間有一段對話。（註四）

回國後七年，越王又問曰：「吾與子謀吳，子曰未可也。今其稻蟹不遺種，其可乎？」對曰：「道固然乎？妄其欺不穀邪？吾與子言人事，子應我以天時，今天應至矣，子應我以人事，何也？」

每次問能不能開戰？范蠡一下說人事備、天時未到；天時到了又說人事未盡。勾踐沒耐性又不知兵法，還懷疑范蠡是不是不想打這一仗？是不是不想助他復仇？於是范蠡解釋「天地人相參」的道理。

范蠡曰：「王姑勿怪，夫人事，必將與天地相參，然後乃可成功。今其禍新民恐，其諸臣上下，皆知其資財之不足以支長久也，彼將同其力，致其死，猶尚殆，王其馳聘弋獵，無至禽荒，宮中之樂，無至酒荒，肆與大夫觴飲，無忘國常，彼其上將薄其德，民將盡其力，又使之望而不得食，乃可以至天地之殛，王姑待之。」

按范蠡所述，這天、地、人三者，不僅相關相參，且是統一的、變化的，今日一者可，明日或許又未可。須要三者同時「造勢」完成，才是戰機成熟時，再開啟戰端乃可成功。這就是范蠡，他借越國壯大自己，借「天、地、人」之勢壯大越國戰力，借「結齊、親楚、附晉」孤立吳國，終於完成「興越滅吳」大業。

戰後范蠡成為自在的生意人，他借「計然七策」（註五）布人生大勢。現代企管名師范楊松（范蠡第五十三代孫），研究范蠡經商成功法則主要有：㈠低價買入、高價賣出；㈡風險管理、掌握市場；㈢什一之利，微利是圖；㈣品質保證、資金流通等。（註六）如是經營之道，用現代語言說，便是「薄利多銷，佔領市場」。這樣的「做市」和「做勢」，天地人都歸他借用，佔領市場是自然的結果。

第二節　樹上開花之理論、詮釋與舉例說明

並戰計

第二十九計：樹上開花

【原　文】

借局布勢，力小勢大。鴻見於陸，其羽可用為儀也。

【按　語】

此樹本無花，而樹則可以有花，剪采黏之，不細察者不易覺。使花與樹交相輝映，而成玲瓏全局也。此蓋布精兵於友軍之陣，完其勢以威敵也。

【注　解】

鴻漸於陸，其羽可用為儀：語出《易經‧漸》卦。漸，卦名。本卦為巽卦相疊（艮下巽上）。上卦為巽為木，下卦為艮為山。卦象為木於山上不斷生長。漸，進。儀，儀表。本卦上說，鴻飛到陸地上，它的羽毛可用來編織舞具。

【譯　文】

借助某種局面布成有利的陣勢，即使兵力薄弱，卻能顯示出強大的氣勢。《易經・漸》卦說：「就像鴻雁在高空飛翔，憑著豐厚的羽翼展現出意氣風發的模樣。」

按：這棵樹的樹幹上本來沒有生長花朵，但是可以使它有花朵。把彩色綢絹剪成花朵黏在樹上，不仔細察看的人，不容易發覺。讓美麗的花朵和樹幹互相襯托，放出光彩，造成巧妙逼真的完善局面。即指：把精銳部隊布置到友軍的陣地上，造成強大的聲勢以懾服敵人。

【出　處】

此計由「樹上開花」一詞轉變而來。《碧巖錄》：「休去歇去，鐵樹開花。」另見於《王鏡曰・洵年鏡》：「俗諺見事難成曰須鐵樹開花。」

【成功關鍵因素】

所謂「樹上開花」，就是佯裝兵力強盛的策略。《孫子》兵法中說：「強而避之」。「樹上開花」正是兵力居於劣勢時的策略，但卻正佯裝兵力強盛，以威脅敵人撤退。不論退卻或威脅，要暫時避開戰爭。以爭取時間，兩者皆相同。

計策之別：本計與第三計的「借刀殺人」都皆屬「憑藉謀略」，但二者有很大的不同。「借刀殺人」主要講的是對敵鬥爭問題，它是一種進攻性謀略；「樹上開花」則偏重於講藉客觀態勢發展壯大自己，是屬於憑藉謀略的一般哲理。而「樹上開花」意在「開花」，而不一定要去「殺人」。

用計心法：能巧妙運用借勢造之技巧，是「樹上開花」的要點，由此可見「巧」為此計的關鍵點，擅於借局布勢。「樹」是指那些被借以張勢的東西，可能是自然的態勢，或是別人的力量，巧借一切可用的外界條件。把「花」布置在樹上，製造出假象，可達到隱藏弱態之目的，且迷惑敵方的判斷力，漸漸進入天時、地利、人和的佳境，此乃以虛當實的謀略，自然可以成功水到渠成。

不論是在軍事或商場上，當我方力量與對手懸殊時，即可借由與他方的聯盟、合作，來擴大聲勢，與對手抗衡。因此，縱使實際上的力量比較小，都可能形成令對手畏懼的氣勢，而戰勝實力較強大的對手。

商場應用：現代商戰中，雙方不可能都龐大、資金雄厚，仍在創業初期都也不乏其人。此時，最好採用「樹上開花」之計，巧借別人的資金、技術或人才，達到一切為我所用的境地，以此計法來占領市場，獲取財富。這個計策如今被廣泛地運用於商家的促銷活動上，運用的是「虛張聲勢」的道理。例如，將產品偽裝成炙手可熱的樣子，或以知名人物宣傳造成轟動，或者利用各種媒體大造聲勢等，其方法層出不窮。只要「樹」選擇妥當，「花」布置精妙，此計會是市場促銷成功的一大助力。

【歷史案例】：張飛計退曹兵

三國時期，劉備起兵之初，與曹操交戰，由於兵力弱小，多次失利。劉表死後，曹操率軍南下攻進荊州，劉備等人只得退守江陵，但因許多老百姓跟隨劉備撤退，以致行動速度非常緩慢。當曹兵追到當陽時，劉備又被打敗，他的妻兒也在亂軍中被衝散，劉備只好狼狽的敗退，吩咐張飛斷後，阻截追兵。

當時張飛身邊只有二三十名騎兵，要想阻擋曹軍，有如螳臂擋車。於是張飛心生一計，命令騎兵退守到樹林裡，砍下樹枝綁在馬尾巴上，然後騎著馬在樹林裡來回奔馳，揚起漫天塵土。

張飛則獨自一人騎著馬，橫著丈二長矛，威風凜凜站在長坂坡的橋上，等候曹軍。當曹操的追兵趕到，只見張飛一人感到納悶，恐怕樹林中藏有伏兵，因而不敢輕舉妄動。張飛的虛張聲勢，使曹軍停止追擊，讓劉備與荊州軍民安然撤退。

【現代案例】：赤玉葡萄酒的宣傳奇招

一八九九年，三得利公司（Suntory）的創辦人鳥井信治郎創立「鳥井商店」（三得利的前身），他希望能做出真是適合日本人口味的酒，最先，他從事葡萄酒釀造，並研發出一款名為「赤玉」的葡萄酒（現稱「赤玉紅酒」）。

為了推銷「赤玉」，鳥井信治郎在報上刊發廣告，但他認為光是這樣不夠，於是想方設法，使出各種花招。

鳥井信治郎每天晚上騎著腳踏車到賣酒的商店問：「請問你們這裡有沒有賣赤玉葡萄酒？」當店家回答：「赤玉？沒有啊！」他便說：「真可惜！那種酒實在很好喝。等你們進了貨，我再來買吧！」鳥井信治郎就這樣騎著車穿梭大街大巷，一家又一家、一遍又一遍的宣傳。

鳥井信治郎還創立了「赤玉歌劇團」，劇團到全國各地作表演，演出時還將印有團員的海報分送出去。這樣的方式標新立異，得到熱烈的回應。

此外，鳥井信治郎還將腦筋動到藝妓身上，當時的藝妓為了避免提到「月經」兩個字，以說「太陽旗」代替。鳥井信治郎給她們一些小費，請她們以後改用「赤玉」來代替。

在奇招百出之下，酒廠的業績開始成長，赤玉葡萄酒的產量愈來愈大。鳥井信治郎運用各式各樣的廣告手法，借局布勢，使赤玉葡萄酒大受歡迎，而成為日本名酒。

第三節 樹上開花情境：關鍵、執行與練習

據聞，慈濟證嚴法師曾說，「寧可有一萬人，每人捐一萬元給慈濟，而不是一個富翁捐一億給慈濟。」我的心態和法師一樣，不期待有一個大企業家看本書，但期待更多小企業經營者或小生意人，有機會看到這本書。

他們會學到「樹上開花」也不難，就像三得利公司的鳥井信治郎，「借局布勢」的廣告手法，可以做成大生意。天地人都可借來一用，不借白不借，透過以下的思考練習，你定能借到所要，開創新局！

樹上開花要素及反思

——一種借他人聲勢壯大自己，以攝服敵人的計謀

1. 關鍵要素：

・實力不足借助第三者。

- 實力弱小，無法單獨攻擊對手。
- 把各要素協調進組織或周圍狀況中。
- 這些要素變成更強大的整體。
- 虛張聲勢，示強於敵混淆對方。
- 你現在強大到足以擊敗對手。

2.執行的問題：

- 你在協調各個要素時，那些要素是可以利用的？（盡可能列舉）
- 存在什麼潛在的聯盟？
- 構成你組織內部元素是什麼？（比如，田單有牛、女人、孩子和士兵）？
- 每個元素的力量和興趣／目標是什麼？
- 經過協調，什麼力量和興趣／目標是什麼？
- 你怎麼利用每個元素的興趣，來引誘它合作？

3.執行樹上開花的自主練習九宮格

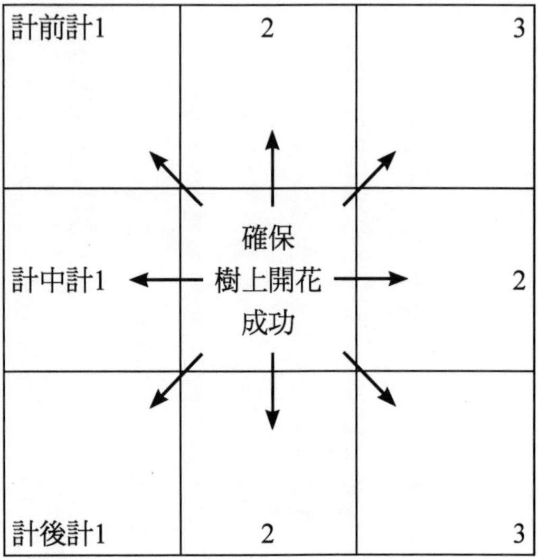

小結

(1)應用特性　經常應用於宣傳促銷。

產品促銷宣傳不能夠過度促銷和做虛假廣告，這是原則。但是企業可以通過宣傳提高產品的檔次以及知名度。沒有缺陷的產品是不存在的，好的促銷宣傳可以突出產品的優勢，掩蓋產品的劣勢。目前處於市場初級階段，消費者處於嚴重的信息不對稱階段，消費者無法準確及時掌握產品的全面信息，以產品為基礎的高層次促銷宣傳對企業是非常重要的。

從營銷的角度來說，宣傳策劃是非常重要的工作，特別是在企業創業階段，樹上本無花，有了花會怎麼樣？大家都會來看稀奇的。這一謀劃有兩個關鍵點，一是找到大樹，二是在樹上插花，然後讓大家看見。

(2)**市場基礎**　可以是企業的傳統市場，也可以是新開發的市場。

(3)**產品定位**　提高產品在消費者心中的聲望和地位。

(4)**營銷目標**　通過宣傳促銷，創立產品的名牌效應。

(5)**準備措施**　策劃品牌營銷新方案。

(6)**措施實施**　選擇媒體與促銷宣傳的途徑，效果應該突出，受眾面廣泛。

【附　註】

註一　魏汝霖，《孫子今譯今譯》（台北：台灣商務印書館股份有限公司，民國七十六年四月，修訂三版），詳見〈兵勢篇〉。

註二　《諸葛兵法》（台北：南京出版公司，民國六十七年三月），頁九八。

註三　陳福成，《國家安全與戰略關係》（台北：時英出版社，二〇〇〇年三月），第五章，第一節〈戰略概說社〉。

註四　陳福成，《大兵法家范蠡研究》（台北：文史哲出版社，二〇一八年二月，增訂再版），第八章〈范蠡兵學思想〉。

註五　范聖剛、范楊松，《商戰春秋陶朱公》（台北：聯合百科電子出版有限公司，二〇一九年十二月十五日），第二篇，第一章。

註六　同註五，第二篇，第五章。

第三十章 反客為主

反客為主，在競爭過程中處於被動地位時，想辦法爭取主動控制權，類似「喧賓奪主」。任何種類的鬥爭或戰爭，爭主控權是最高原則，有了主控權，諸多作為才有主動地位，表示你是某一方之「盟主」。

對峙中的兩個集團，雙方也都在爭主導的機會，能主動作為才能控制局面，被動會始終任人擺布。武術中有所謂「擒拿」和「反擒拿」之術，正說明主客之勢的反覆爭奪，無非就在爭主控權，期使自己能主動憑意志去改變環境，取得所要之戰果或利益。

本計含義大約是喧賓奪主、先發制人和轉攻為守。人類有史以來的軍事作戰、政治鬥爭、強權爭霸、商場競爭等，都未脫離主控權之爭。乃至家庭、家族、社會團體、公益團體等，主控權之爭也是如影隨形。有人說老莊不爭、無為，你相信了便「慘死」，因為你不悟老莊、計然、范蠡，他們如何「不爭之爭、無為之為」！

歷史上也有不少著名史例如：劉備取四川、黃忠計斬夏侯淵、司馬懿與曹魏之爭、林沖火併王倫、阿爾巴尼亞宣布獨立、蒙哥馬利反敗為勝、俾斯麥借火點煙等。

第一節　范蠡與反客為主

反客為主基本操作時機模式

任何競爭模式，都要找尋時機，在對手的弱點處、漏洞裡，乘機介入而立足其間，相機逐步擴張勢力，進而化被動者為主動。循序漸進，一步一步，掌控主導權。

反客為主有五個基本步驟：㈠須先取得客位。㈡找弱點抓準時機。㈢用適宜方式乘機介入。㈣擴張勢力掌握主控權。㈤發展成為主導者、主盟人。

被人差使是「為奴」，被人尊重是「為客」，不能立足是「暫客」；雖有一席之地但處於被動稱「賤客」；化被動為主動，逐步掌握主導權，才能從「為客」變成

「為主」。看看古今中外，乃至現代世界眾生（含其他動物），永恒的展演者「反客為主」的競爭。

反客為主擴大運用時機模式

主動權之爭關係到戰爭勝負的問題，是生存和發展的關鍵「致命點」。吾國歷來的兵學家、政學家、軍事家等無不重視，且有經典名篇流傳後世千百年。如《鬼谷子兵法》之〈謀篇〉曰：（註一）

可知者可用也，不可知者謀者所不用也。故曰：「事貴制人，而不貴見制於人。」制人者握權也，見制於人者制命也。故聖人之道陰，愚人之道陽；智者事易，而不智者事難……

為政就是控制人，絕對不可被人控制。掌控主動權者就是統治者，被控制者就是唯命是從者或命懸一線者。因此，聰明智者行事屬陰（只作不說），愚魯笨人行事屬陽（光說不作）。鬼谷子所述言外之意，正是本計之要訣：逐漸滲透，神不知鬼不覺

的循序掌控主動權。另兵聖孫子在〈虛實篇〉亦說：（註二）

> 凡先處戰地而待敵者佚，後處戰地而趨戰者勞。故善戰者，致人而不致於人。能使敵人自至者，利之也；能使敵不得至者，害之也。故敵佚能勞之，飽能飢之，安能動之。

先準備先到戰地，就能安逸主動；晚準備遲到戰地，就會疲困被動。所以善戰者，就是要掌握主動權，才不會被敵人控制，而是你可以控制敵人的來去飽飢。這是掌握主控權（為主）的重要，失去主控權（為客），等於失去生命財產的保障。

二十世紀七〇年代，出現新戰爭論「非對稱作戰」，正是「反客為主」原理的應用，乃指弱勢對強者發起主動攻擊。由伊斯蘭教發動的「恐攻」均屬非對稱作戰，最經典是賓拉登的「九一一事件」巨作，此役開啟人類戰爭史的「第四波。」（註三）一個賓拉登，讓三億邪惡的美國人日夜不安。因此，讀者莫小看自己只有一個人，你有很多機會反客為主，改變世界，讓世界成為你要的樣子。

范蠡的「反客為主」——主客合一

筆者研究范蠡思想行誼甚深，發現他一生不論在那個階段，少年奔越、二徙三徙，在吳為奴僕，晚年陶朱公，竟從未淪為被動之「客」。他確實曾經「為客」，依然將「主人」玩於掌心內，為何如此神奇？一言蔽之曰：「主客合一」，他已破除世間主體、客體的二元對立，而達到主客合一、天人合人的境界。如〈中國道商賦〉一段說：（註四）

生萬物者，大道也；育萬物者，天地也；利萬物者，聖人也；用萬物丈，道商也。商統於道，非道而弗之為。利和於義，非義而弗之取……守慈用柔，不爭為寶；四海三江，上善若水；神州內外，陶朱遺風。循天之道，取地之利，集人之智，合神之機，故能「我不求財而財自來」，譬江海之納百谷也……為而不爭也。

守慈用柔，不爭為寶，集人之智，合神之機，如江海之納百谷，為而不爭也。故其心中「無主無客」，主客合一也。在世俗的戰場上，不論何時何地，范蠡始終是環境的主人，舉以下三例。

第一、在吳為奴僕，是兩個國王心理的主導者。范蠡和勾踐在吳國當三年「越勞」，實為奴僕，但勾踐和吳王夫差仍受范蠡擺佈。為取得夫差的信任和感動，范蠡叫勾踐嘗夫差的糞便，勾踐垂淚曰：「孤雖不肖，亦曾南面為君，奈何含污忍辱，為人嘗泄便乎？」范蠡答不如此怎能感動夫差，勾踐只好照做。（註五）夫差表面為主為王，實質上，他中了范蠡所有設下的計，在更大的時空舞台，范蠡主導了兩個國王的命運。

第二、主導對吳作戰的時機、方式等策略。越對吳發動戰爭，從周敬王三十八年（前四八二年），到周元王三年（前四七三年），長達十年之戰，完全由范蠡主導，勾踐一點辦法也沒有。曾經夫差求和，勾踐也同意和談，但范蠡堅持不能和談，勾踐只能依從，戰爭持續下去。

第三、吳國命運與夫差生命的主導者。當夫差最後被圍困在姑蘇山北之干隧，勾踐打算要原諒夫差，給他一個地方養老，但范蠡反對，夫差自殺而死，吳國滅亡。為何范蠡如此堅決？多章已有論述，此不再贅言。

范蠡的經商秘訣特重風險管理，《史記・貨殖列傳說》：「知鬥則修備，時用則知物……旱則資舟，水則資車，物之理也。」（註六）正如孫子在兵法上說「先處戰地以待敵」，才能控制戰場的主導權是同樣道理。

范蠡主張「生意人要富行其德」，他曾兩次賑災，到災區開設救齊站。（註七）他心存百姓，百姓平安生活，商人才能做生意，簡單的真理超越主客之上。

第二節　反客為主之理論、詮釋與舉例說明

並戰計

第三十計：反客為主

【原　文】

乘隙插足，扼其主機①，漸漸進也②。

【按　語】

為人驅使者為奴，為人尊處者為客；不能立足者為暫客，能立足久為久客，客久

而不能主事者為賤客，能主事則可漸握機要，而為主矣。故反客為主之局：第一步須爭客位；第二步須乘隙；第三步須插足；第四步須握機；第五步乃成為主。為主，則併人之軍矣：此漸進之陰謀也。

【注 解】

①**扼其主機**　扼，控制。主機，籌謀策劃、發號施令、掌握大權的機關。

②**漸漸進也**　語出《易經・漸》卦，意為循漸進的意思。

【譯 文】

對方稍有破綻就立刻乘虛而入，奪取權力。只是，需要逐步達成目的，切莫急躁，就如《易經・漸》卦中說的：「循次而進」。

按：受人差使的是奴隸，受人尊敬的是客人；不能站穩腳跟的，是暫時的客人，能站穩腳跟的，是長久的客人；長久當客人而不能主事情的，是卑賤的客人，能主管事情並逐漸抓住大權的，就變成了主人了。所以反客為主的局勢：第一步要爭取當客人的身份；第二步就要會找空隙；第三步要插腳進去；第四步要掌握大權；第五步就要變成主人了。做了主人，也就必然兼併了他人的軍隊，這就是循次而進的策略。如：隋朝李淵沒有取得天下前，寫信推崇李密，後來便消滅了李密。漢高祖劉邦，在兵力不能和項羽敵對的時候，對項羽很恭敬，使項羽相信他，而慢慢削弱項羽的兵力，到了垓下會戰時，便一舉消滅了項羽。

【出 處】

此語曾見於《三國演義》第七十一回：「卻說黃忠與法正屯兵於定軍出口……有敗軍逃得性命，回報黃忠，說陳式被擒。忠慌與法正商議，正曰：『淵（夏侯淵）用人輕躁，恃勇少謀，可激勵士卒，拔寨前進，步步為營，誘淵來戰而擒之。此乃「反客為主」。』」此計另根據《唐太宗李衛公問對・卷中》：「臣較量主客之勢，則有變客為主，變主為客之術。」

【成功關鍵因素】

用計要訣：「循序漸進」是實行此計的主要重心。首先要安於客位，時時刻刻尋找機會。第二步乘隙而入，將自己的勢力逐漸向外滲透。最後一步是果斷行動，變客位為主位。因此，「反客為主」的含義有三種，一為「喧賓奪主」，將對方取而代之的成為主人；二是「先發制人」。先採取行動，居於主動，雖暫時力量弱小，也會逐漸由弱變強，反敗為勝。最後則是「轉攻為守」。一般而言，發動進攻者為「客」，在上迎戰者是「主」。我方則不妨累積防守，利用有利地形阻擊敵人，如此最終勝利者將歸為我方。

用計提醒：此計是化被動為主動，即反客為主的過程，不是一朝一夕能夠完成的，需要一個由量變到質變的過程，還要注意是，須順應事物自身運行的規律循序漸進。當時勢已發展到一定階段，有隙可乘之時，再主動出擊，從時勢所造成的空隙入手，通過一次次戰役的勝利，轉化戰略形勢，而後進行決戰奪取「主位」。

商場應用：在推銷活動中，反客為主是一種非常實用的策略，要不斷想辦法、鑽空隙，插腳進去、控制客戶，化被動為主動，改變一味地屈從客戶的推銷型態。在商戰上，運用「反客為主」，要善於掌握「客」、「主」之間的轉換，經營者必須努力尋找轉換條件，使事情趨向有利的發展。另外，還可採用「先發制人」的手段，看準對方的弱點，先採取行動，緊咬市場的一部分，儘管暫時力量弱小，也會逐漸轉弱為強，反敗為勝的。

【歷史案例】：客位變主位　劉邦勝項羽

項羽和劉邦都曾是抗秦聯軍的大將，在聯軍之中，項羽所率領的軍隊是主力，劉邦的部隊只算是機動部隊，他們各自帶著自己的軍隊，從不同路線進兵秦都咸陽。

劉邦率先攻進咸陽，被捷足先登的項羽很不是滋味，憤怒之餘決定討伐劉邦。此時，劉邦兵力只有十萬，若與項羽的四十萬大軍相抗，自然毫無勝算，劉邦不得已之下，只好帶著幾名隨從，前往項羽的陣營裡謝罪。在這場「鴻門宴」上，所幸有樊噲和張良的護衛，劉邦總算逃過驚險的場面。

不久，項羽在戰後的論功行賞會議中，將漢中劃分給劉邦。但在戰前，聯軍內部曾經決議，誰先攻下咸陽，關中之地就給誰，結果，先攻進咸陽的劉邦並沒有得到富庶的關中，而是偏僻的漢中。劉邦對此相當不滿，一度打算不惜一戰，但因力量無法抗衡，只好聽從參謀們的建議，勉強到漢中赴任，忍辱負重地等待時機。

劉邦在兵力不能與項羽抗衡的時候，很尊敬項羽，並以項羽為聯軍之首。鴻門宴上，也百般以屈求伸，對項羽謙卑到了極點。後來，他力量擴大，由弱變強，垓下一戰，終於將項羽逼死烏江，進而取代項羽擁有天下。

【現代案例】：任天堂先發制人　遊戲機進軍國際

從NDS、NDSL進化至NDSI，由日本任天堂公司開發的掌上型遊戲機風靡全世界。在一九九一年九月中期決算中，任天堂公司的經營利潤達七百多億日圓，躍居全國企業第六位。且根據推算，在日本十來歲的小孩裡，平均每兩人就擁有一台任天堂公司的遊戲機。

任天堂公司在日本市場獲得豐厚利潤，引起國際上同業公司的不滿，不少公司早已窺視日本市場許久，尤以科技發達著稱的美國更甚。

面對這樣處境，任天堂公司決定提前下手，進軍美國市場。

然而，美國畢竟是技術發達的強國，不論是硬體或軟體研製都居於世界前茅，在國內也有像阿達力（ATARI）公司那樣專門製作電視遊戲軟體的公司，因此，憑著任天堂公司的實力，要打入美國市場絕非易事。

任天堂公司的總經理山內卻認為：「電子遊戲機的成功與否在於軟體與硬體的巧妙結合，在於使用者是否喜歡你的遊戲軟體，不同於一般的電子電腦。」

任天堂公司首先推出適合美國機種NES的任天堂紅白機，這款產品的裝飾新穎、圖像優異、反應迅速，深受美國兒童的喜愛，六年來，售出三千萬台，其他產品「超級任天堂」售出一百四十萬台、「競技兒童」售出七百四十萬台，總銷售數超過在日本的銷售量。至二〇〇八年年底，任天堂DS機種在全球銷售量突破九千七百萬台，其中日本占了二千五百多萬台，美國則有三千二百多萬台。

任天堂公司先發制人，運用「反客為主」的手段占領美國市場，進而在國際市場上亦取得勝利。

第三節　反客為主情境：關鍵、執行與練習

劉邦、項羽的故事，千百年來被人傳頌著，做為一種案例教材，對現代人有什麼啟示？可以「複製」，也能創新。任天堂有大資本可以「反客為主」，經營小企業、做小生意的你，一樣有很多機會。

就算不是商人，其他各行各業或自由業等，乃至每一個人，你在生命舞台上是主是客？制人或制於人？想想，你應該做環境的主人才是。揚棄「客身」，反客為主吧！以下再提供你反思，深化學習效果。

反客為主要素及反思

——喧賓奪主；先發制人；轉攻為守

1.關鍵要素：

・己方處於不被動，不利地位。

・對手接受你不構成威脅的現實。

・利用機會及條件強化自己。

・逐漸建立壓倒對手的實力。

・取得控制，或地位轉化。

2.執行的問題：

・誰是你的對手？最終策略目標為何？

・什麼扛杆能控制他（比如，他的能力、資金入門、用戶關係）？至少列舉五種。

・什麼會引發他的防衛行動？

・現在採取什麼低姿態，防止他的防衛行動？

・如何從這個局勢上起步，開始控制上述扛杆？至少列舉五種。

・上述提及的戰略（扛杆、新的位置、計劃控制扛杆），哪一種更吸引人？

3.執行反客為主的自主練習九宮格

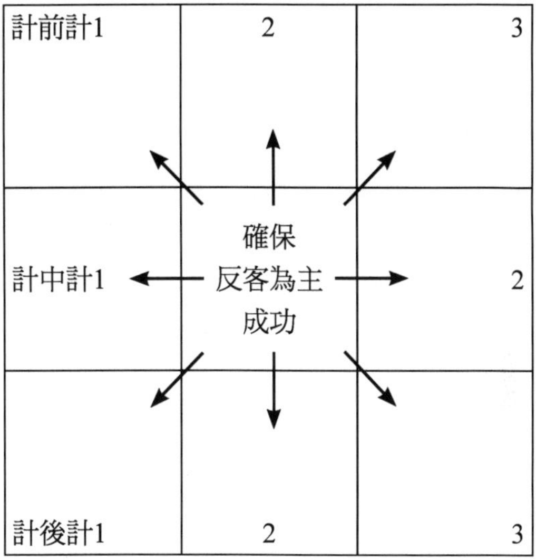

小結

(1)應用特性　應用於市場開發。在市場開發前期，企業無法成為市場的主流產品，企業可以採取市場跟隨者的方式，跟進或者捆綁銷售；企業也可以跟隨高端產品銷售，但是要具有價格優勢和較高的經銷商利潤；企業也可以跟隨低端產品銷售，但是使用效果必須突出，反客為主的機會是通過細化營銷來實現的。

從營銷的角度來說，反客為主是控制市場約有效方式，每一個企業都希望自己對市場的控制力越強大越好。反客為主的操作需要注意：一是不能店大欺客，特別是和經銷商的關係要處理得當，營銷的本土化非常重要，企業在市場上單打獨鬥是不行的。二是注意操作的階段性，不要過早地暴露自己的市場野心，企業的目的是凡是朋友都有好處，大家利益共享。

(2)市場基礎　本企業產品適銷對路的市場。

(3)產品定位　產品已經得到農民的認知。

(4)營銷目標　創建名牌信譽，穩固占領市場，擴大消費群。

(5)準備措施　尋找新的合作夥伴，尋找新的合作模式。

(6)措施實施　先聯合，後整合，最後控制。

【附　註】

註一　《中國第一詐書・鬼谷子》，東方羽著解（台北：海鴿文化出版圖書有限公司，二〇〇四年八月），第十章、附錄一。

註二　魏汝霖，《孫子今註今譯》（台北：台灣商務印書館股份有限公司，民國七十六年四月，修訂三版），詳見〈虛實篇〉。

註三　陳福成，《第四波戰爭開山鼻祖賓拉登》（台北：文史哲出版社，二〇二〇年四月，增訂再版）。

註四　范聖剛、范揚松，《商戰春秋陶朱公》（台北：文史哲出版社，二〇一九年十二月十五日），附錄一，頁一七〇～一七一。

註五　明・余邵魚，《東周列國誌》（台北：大台北出版社，民國七十五年五月），第八十四回。

註六　漢・司馬遷，《史記》（台北：宏業書局，民國七十九年十月十五日），見〈貨殖列傳〉，頁三二五六。

註七　同註四，頁八四。

第六篇 敗戰計

已經戰敗，或劣勢對優勢條件下的計謀，有六計：

美人計
空城計
反間計
苦肉計
連環計
走為上計

第三十一章　美人計

美人計的好用和易於成功，是建立在兩性天生的吸引力，主要是美女對男人產生「致命的吸引力」。俗話說：「男追女隔座山、女追男隔層紗」，這是美人計在中外歷史上古來就普遍運用的計策。

美人計正是孫子兵法說的「攻心為上」之計，用美女「三軍可奪氣、將軍可奪心」。（註一）美人計直接的目的是讓對象（男人）「以佚其志、以弱其體」，一者「攻心」，一者「攻體」。這也表示美人在性能力上是極為高明的，否則如何攻取男人心？又如何弱其體？吾國第一本兵書《姜太公兵法》，把這種謀略稱〈文伐〉。（註二）

文王問太公曰：「文伐之法奈何？」

太公曰：「凡文伐有十二節：一曰因其所喜，以順其志，彼將生驕，必有奸事，苟能因之，必能去之。」

二曰親其所愛，以分其威。一人兩心，其中必衰。廷無患臣，社稷必危。

三曰陰賂左右，得情甚深，身內情外，國將生害。

四曰輔其淫樂，以廣其志，厚賂珠玉，娛以美人。卑辭委聽，順命而合。彼將不爭，姦節乃定……

十二曰養其亂臣以迷之，進美女淫聲以惑之……

美人計通常須要其他各計配合，要針對展施的對象（男人）「因其所喜、以順甚志」，親其所愛，以分其威，一人兩心，廷無忠臣，社稷必危。姜太公把此種謀略叫「姦節」，可見其厲害，如《韓非子‧內儲說下》：「晉獻公伐虞、虢，乃遺之屈產之乘，垂棘之璧，女樂六，以榮其意而亂其政。」（註三）難怪中外皆有美女「傾國傾城」，史例太多（如木馬屠城記）就不舉了！

第一節 范蠡與美人計

美人計基本操作時機模式

「美人」在現代社會已失去傳統美人的定義，而是任何女人皆可以「美人」名之，此未合美人計之初步工作。美人計的準備工作，首先看針對的對象（男人），選擇適合的美女。例如，對象是村里長的男人，大概「阿花」等級的女人可也，對象是部長總理則需「林志玲級」的美女，人本來就有等級的。

面對強大敵人，要從攻其將帥下手，攻伐其情，奪其心志，弱其體能，可亂其政，此非訓練有素之「林志玲級」美女不可。任何時機，任何種類的男人，只要選對美女，大致都有效，乃至可成大功立大業。

美人計擴大運用時機模式

美人計雖以女人對男人最為普遍，已被視為最佳定型模式，但隨著時代演變，相信「女人對女人、男人對男人」也有可運用的時機，這是假設對象是個同性戀者。

曾有無中生有的美人計。漢高帝七年（前二〇〇年），劉邦被匈奴冒頓單于圍困在白登山（今山西大同附近）。陳平想出一計，他帶著厚禮和一幅美女圖，去見單于的閼氏（皇后）說：「這是我們大漢傾國之美女，皇帝準備送給單于；若放走大漢皇帝，就不送美女來……」。閼氏當然懂，若讓美女來「老娘」沒得混了。當晚她拼命向老公「咬耳根」，第二天冒頓單于就撤軍了。

「美馬計」是美人計的擴張思維。安史之亂後，唐將李光弼和叛將史思明隔河對峙著，史思明稍強，光是馬就有一千多匹，還放馬到河中洗浴炫耀戰力。李光弼心生一計，把營中公馬和幼馬拴在城內，等史思明放馬到河中，他將數百母馬趕出來，母馬想念公馬和幼馬，嘶叫不已。河中史思明群馬聞異性呼喚，都飛奔到李光弼陣營。

范蠡的美人計

西施是被後人稱為中國歷史上第一個女間諜，也是第一個被貼上「美人計」標籤的美女故事。（註四）她本來只是一個村姑，有何能耐在「興越滅吳」大業中承擔大任？《東周列國誌》記載西施和鄭旦身世背景。（註五）那西施乃苧蘿山下採薪者之女，其有山東西二村，多施姓者，女在西村，故以西施名之。鄭旦亦在西村，與施女毗鄰，臨江而居，每日相與浣紗於江，紅顏花貌，交相映發，不啻如並蒂之芙蓉也。

找到所要美女後，勾踐叫范蠡各以百金聘之，服以綺羅之衣，乘以重帷之車，迎回都城，此在勾踐回國第一年（周敬王二十九年、前四九一年）。不能就把一個「村姑」送給夫差，各項史料顯示二位美女受了三年教育訓練，課目大約如今之禮儀、歌舞、媚術及情報等。（註六）越王夫人親自教導歌舞和媚術，在傳奇戲曲《浣紗記》裡，越王夫人對西施說：（註七）

美人，古稱絕色，第一容貌，第二歌舞，第三體態。若是容貌雖好，歌舞未諧，不足為奇。歌舞雖通，體態未善，不足為妙。美人，你的容貌不必言矣。但歌有歌體，舞有舞態，須要態度優閒，行步嬝娜，方能動人。

其他的琴棋書畫、察言觀色，以及性愛技巧表現等，大概都是「必修」，三年學成後，周敬王三十一年，范蠡親自帶著二位美女和厚禮，到吳國獻給夫差，許多大臣也都拿到厚禮。

果然令吳王朝歡暮樂，神魂顛倒，西施和鄭旦夜夜和夫差「攻心、弱體」，夫差從此不早朝。容貌、歌舞、體態之美，是為美人絕色。加上色藝技三全，這才是傾國傾城的必要條件。

范蠡和西施什麼關係，始終是千古之謎團，正史沒有任何記載。有小說寫先為范蠡妻，再轉獻夫差，但理性分析也不合理，范蠡在「十年生聚、十年教訓」中的人口政策明訂：「今壯者無取老婦，老者無取壯妻。女子十七不嫁，其父母有罪。丈夫二十不娶，其父母有罪。」（註八）以范蠡個性，他不可能自己不守法，必先有妻室。

美人計的成功理論，基本上建立在女人對男人可以輕易施展「致命吸引力」，這已成為普遍性法則，不論任何場域都有人施展。筆者仍期許正常使用，勿錯用（如仙人跳）。

第二節　美人計之理論、詮釋與舉例說明

敗戰計

第三十一計：美人計

【原　文】

兵強者，攻其將；將智①者，伐其情②。

將弱兵頹，其勢自萎③。利用御寇，順相保也④。

【按　語】

兵強將智，不可以敵，勢必事之。事之以土地，以增其勢，如六國之事秦：策之最下者也。事之以幣帛，以增其富，如宋之事遼金：策之下者也。惟事以美人，以佚其志，以弱其體，以增其下怨。如勾踐以西施重寶取悅夫差，乃可轉敗為勝。

【注　解】

①**將智**　足智多謀的英明將領。

②**伐其情**　攻擊他的意志薄弱之處。

③**萎**　萎縮，衰敗。

④**利用御寇，順相保也**　此話出自《易經・漸》卦、本卦九三・《彖》辭：「利御寇，順相保也。」是說利於抵禦敵人，順利地保衛自己。

【譯　文】

如果敵人的兵力強大，就攻擊他們的將領，如果對方的將領足智多謀，就要設法削磨他的意志。將領的鬥志薄弱，部隊的士氣低沉，其戰鬥力自然萎縮。利用敵方的弱點並且進行控制，就可以扭轉局面來保全自己。

按：勢力強大，將帥明智，對付這類敵人，不可與之正面交戰，而是應在一段時期內，向他暫時屈服。侍奉敵人的方法，分為三等級。最下策是割讓土地，因為這必使敵方的勢力更加強大，如同當初六國親奉土地給秦國一樣。下策是用金銀珠寶、綾羅綢緞討好敵國，這樣做將使敵國更為富有，我方更為貧窮罷了。如同宋朝侍奉遼國和金國一樣，也不會有什麼成效。唯獨用美人計才能見得效果，如此可以消磨敵方主帥的意志，削弱他的體質，並可以增加他的下屬對他的怨恨。春秋時期，越王勾踐被吳王夫差打敗，他使用美女西施取悅夫差，讓他貪圖享受，喪失警惕，後來越國終於打敗了吳國。

【出　處】

古人對於美人計之論述，可見於《韓非子‧內儲說下》：「晉獻公伐虞、虢，乃遺之屈產之乘，乘棘之璧，女樂二八，以滎其意而亂其政。」亦出現於《六韜‧文伐》：「養其亂臣以迷之，進美女、淫聲以惑之。」

【成功關鍵因素】

應用要旨：「美人計」是一種用美色誘惑敵人，使敵人貪圖安逸享樂，意志萎靡，從而乘機取勝的計謀。用兵之計，在於攻心為上。施用美人計，意在攻心，以柔弱勝剛強。人一旦沉溺於女色之中，就會變得軟弱無力，無所作為，這也是本計要攻擊人性的要害所在。

使用「美人計」，意在攻心，是指抓住敵人的弱點，然後將它掌握在手中操弄，敵人因沉溺於喜愛之物，而喪失意志，無所作為，最後即可趁機摧毀敵人。古今中外有多少大英雄都難逃「美人關」，可見美人計之妙用，利用美人刺探情報、設圈套、收買或離間等，不論是政治、軍事或商場，經營者都可用美人為誘餌來達到目的。

商戰計策運用：用於商場或行銷上，行銷的包裝表現其實就是「美人計」的活用手法，利用人性在感官（視覺、聽覺、觸覺）方面的弱點，來進行促銷活動。「美人」並不專指美女本身，在行銷上，是一種美學的應用，它是針對消費者的欲望或喜好，推出讓人感受美的東西，以「攻心為上」之目的，進而達到促銷的意圖。也就是說，利用強攻難以征服的地方，就要使用「糖衣炮彈」，先在思想意志上打敗對方，使其喪失戰鬥力，然後再進行攻擊，此即利用「愛美之心」來吸引消費者的策略。例如：出版、廣告宣傳、媒體、招攬生意、飯店、工商、房地產等，都聘用美貌的禮儀、接待、公關小姐，吸引客戶上門，業績也可逐漸上揚。

如果能讓讀者、消費者都以出版物、影視和服務交往中產生自然的美感，得到美的享受和精神上的滿足，同時增加了經濟效益，這是「美人計」的靈活而又正確的運用。而在當今經濟蓬勃的時代裡，若能正確地巧用和活用「美人計」，可收到想不到的奇效。

【歷史案例】：陳平解白登山之圍

西元前二〇〇年，匈奴冒頓單于率軍南進，漢高祖劉邦率大軍親征。劉邦求勝心切，率前隊兵馬追趕匈奴兵到平城（今山西大同），殊不知中了單于設下的埋伏，被包圍在白登山（在平城東）。漢軍的後續部隊被匈奴人阻擋在各要路口，無法解救被困在白登山的劉邦等人，也不能接濟軍糧，情勢相當危急。幸虧到了第七天，謀士陳平想出一解圍妙計。

陳平派一名使者帶著一批珍寶與一幅畫，秘密會見單于的夫人閼氏。侍者奉上黃金珠寶，言明是漢帝贈送給閼氏，表達欲與匈奴和好的心意，並請閼氏在單于面前美言幾句。閼氏欣然的收下那些珍寶，但是展開那一幅畫，只見畫上有一美女，閼氏不解其意，問：「此畫有何用途？」侍者道：「漢帝恐怕單于不答應講和的要求，所以想把中原第一美女獻給他，因美人不在營中，因此先將畫像呈上。」閼氏將那幅畫仔細一看，發現果真是一位貌如天仙的美女，閼氏心想：若單于得到此美女，自己不就被冷落了嗎？於是她將畫像退給使者，並且允諾會請單于退兵。

漢使離開後，閼氏去見單于，對他說：「我們匈奴人世代騎馬放牧，從來不會農耕定居，現在就算我們抓住了漢帝，侵占中國的土地，也不能長久居住。況且中國皇帝有神靈保護，戰與不戰請大王三思。」單于正因為害怕漢朝的援軍將到來而對自己情勢不利，正舉棋不定，聽了閼氏所言又覺得很有道理，就讓白登城一個城角的匈奴兵撤退。陳平見到此機會，命士兵拉弓射出一條道路，保護劉邦悄悄退出。

陳平獻美人，利用的是閼氏爭寵心理，進而達到講和的目的，在他的計策中，其實沒有真正的美女，卻一樣能夠產生預期的效果，「美人計」運用得相當巧妙。

【現代案例】：蘋果旋風籠罩全球

近幾年來，蘋果屢次為科技產業帶來「驚嘆號」，除了產品的穩定性高外，其美觀精緻的造型也是擄獲大眾的主要關鍵。像果凍色的iMac、典雅的iPod、及合法下載音樂的網路平台iTune，無不擁有漂亮的介面。而這些想法，都出自於「鬼才」蘋果總裁賈伯斯（Steve Paul Jobs）腦袋。

「科技不應該只是實驗室裡的產物而已，應該是能夠讓消費者激動、感動的產品才對。」賈伯斯堅持，一件優質的產品，除了它的功能性要好外，重點是它要看起來像個「藝術品」，兼具實用與美感。而「美」並非單純是「外表造型」，那是由裡到外，都要能觸動到使用者的情感，與使用者「心靈相通」。

許多公司沒辦法把創意商品化，容易屈服於硬體功能性的限制。一九九七年的賈伯斯，他面臨到相同的問題。他與設計師設計出，漆上果凍色的iMac，但外型亮眼的iMac，卻因為陰極管外露，整體看起不怎麼美觀。於是，賈伯斯去找工程師，要求工程師解決這個棘手的問題。但工程師只敷衍應聲，便說出三十八個不能做的理由。但在賈伯斯的霸道要求下，工程師還是完成任務。事後iMac的問世，造成市場上的轟動，證明當初賈伯斯的堅持是對的。

賈伯斯將創意與概念商品化，廣受消費者歡迎，連死對頭微軟公司都不得不承認蘋果的成就。賈伯斯的商品「美人計」，果然讓蘋果再次成為科技時尚的領航者。

評論：愛美之心，人皆有之。利用感官刺激來促成購買行動，是行銷上的活用手法，例如廣告中的美女、飲品的容器、日用品的造型等，其掌握的就是人性在感官上的弱點，因此產品的包裝極易成為產品本身以外的賣點。

蘋果為產品設計了美麗的外觀，當消費者尚未弄清楚產品的功能前，在第一眼上，已先留下深刻的印象，相較其他競爭物，蘋果產品的「美感」更容易擄獲消費者的芳心。蘋果以「美的享受」吸引住消費者，且將美融入使用者的生活中，從外表的吸引力到內在的情感觸動，莫怪乎蘋果品牌擁有那麼多的忠實顧客。

第三節　美人計情境：關鍵、執行與練習

美人計是現代社會商品行銷用的最普遍的計策，舉凡大家所見，一切商品，服裝、房屋、汽車、食品……乃至軍隊招募兵力人才等，全都用上美女。和女人有關的商品，如化粧品和內衣，都以對美女的性幻想為行銷手段。不論真實的美女，或虛構美女（如陳平、賈伯斯），可見美女好用。

美人計也用於內部管理、鞏固地位、逢迎上級等，可謂「無往不利」。但美人計也有剋星，例如碰上有浩然正氣之人，可能就失靈了，須換用別計。透過以下的反思，再做深化學習，會有新的領悟！

美人計要素及反思

——一種「以柔勝剛」的「損敵」計謀

1. 關鍵要素：

- 運用人性貪嗔心理。
- 對手有弱點或需求。
- 用這種弱點或需求誘敵上鈎。
- 這激勵對手反自己行為而為之。
- 首先挫敗對方主帥或決策者。
- 從他的失策中獲益。

2. 執行的問題：

- 找出對方決策者及個別角色。
- 對手需要會尋求的是什麼？「美人」代表什麼？
- 對方在乎權、名、利、祿？
- 怎樣滿足對手的需求或手段如何？
- 提供對手需求，要怎樣影響他？

・暗中有人可以推動或配合嗎？

3. 執行美人計的自主練習九宮格

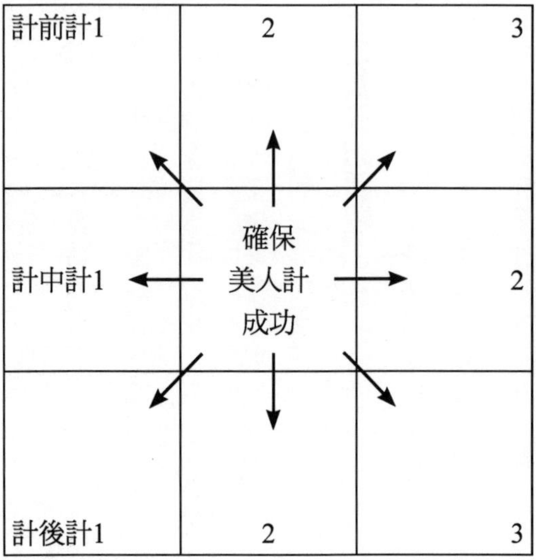

小結

(1)應用特性 在基層重視培訓女性經營者和女性消費者。肥料營銷的基層，特別是零售門店，有一大批女性經營者。女性經銷商與農民消費者溝通更加細心，女性在促銷方面比男性具有語言等方面的優勢，應該重點培養女性肥料經營者。

從營銷的角度來說，美人計不局限於女性的魅力之美加上謀略計謀，凡是與美有關的東西，都應該作為促銷的方式，將促銷和美結合起來，營銷就有了更加豐富的內涵，許多企業正是通過美的傳播，順利地銷售了自己的產品。

(2)市場基礎　適合企業銷售的傳統市場或者新開發的市場。

(3)產品定位　提高產品的形象。

(4)營銷目標　將產品與美的概念與形象結合起來，包括產品的包裝、卡通和宣傳廣告。

(5)準備措施　制定產品形象包裝方案，配合宣傳促銷。

(6)措施實施　分項目實施產品新形象促銷方案。

【附　註】

註一　魏汝霖，《孫子今註今譯》（台北，台灣商務印書館股份有限公司，民國七十六年四月，修訂三版），詳見〈軍爭篇〉。

註二 《姜太公兵法》，李天道編著（台北：華文網股份有限公司，二〇〇五年新版），頁一〇七。
註三 《韓非子讀本》（台北：大方出版社，民國六十四年元月），詳見〈內儲說下〉，頁一五〇。
註四 洪淑苓，〈美人計的敘事模式與性別政治——從西施故事談起〉，《婦女與兩性學刊》第八期（台北：台大人口研究中心婦女研究室，一九九七年四月），頁一五一～一六七。
註五 明・余邵魚，《東周列國誌》（台北：大台北出版社，民國七十五年五月），詳見第八十一回。
註六 張其昀，《中華五千年史》第三冊（台北：中國文化研究所，民國五十一年四月），頁一〇三（總四八九頁）。
註七 同註四。
註八 陳福成，《大兵法家范蠡研究》（台北：文史哲出版社，二〇一八年二月，修訂再版），頁一一七。

第三十二章　空城計

傳統戲劇節目有齣著名的《失、空、斬》，正是〈失街亭〉、〈空城計〉、〈斬馬謖〉三橋段的組合。惟只有〈空城計〉是虛構，正史查無實據，另二者都實有其事。中國歷史上第一個真實的空城計，是周惠王十一年（前六六六年），楚國攻打鄭國，由鄭文公和臣子們演出空城計退了楚軍。《三國演義》移植古例，神化了諸葛亮，雖是「科學的虛構」，也是「藝術的真實。」

做為計謀之用的空城計有兩種：㈠真的空城（或弱勢），為不得已之時，先佈疑陣，困惑敵方，希圖全軍而退。㈡假的空城（弱勢、強勢皆可），故佈空城，誘敵深入，然後包圍殲敵，戰略上叫「後退包圍」，中外史例甚多。但一般大家所知的空城計，以前者真的空城為主。雖「真的空城」，要讓敵人看起來像「假的空城」，所以

空城計的核心就是虛虛實實，示之無形。如《孫子兵法・虛實篇說》：（註一）

> 故形人而我無形，則我專而敵分……形兵之極，至於無形；無形，則深間不能窺，智者不能謀。因形而拱勝於眾，眾不能知……兵之形，避實而擊虛，水因地而制流，兵因敵而制勝。

戰爭千變萬化，避實擊虛則是古今不易之道理。空城計的本質（本義），不外虛而虛之、實而虛之，或以弱示弱、以弱示強的「買空賣空」，迷惑對手，達到出奇致勝的目的。

歷史上著名的空城計如：李廣佈局惑匈奴脫虎口、馬知節（北宋）計退邊寇、十五世紀阿爾巴尼亞的克魯雅保衛戰、德川家康智守孤城、二戰時南斯拉夫鐵托的游擊戰、美蘇「古巴危機」是雙方的「大空城計」。無論如何！空城計是一種不得已的險計，只能不得已為之。

第一節　范蠡與空城計

空城計基本操作時機模式

當戰力處於弱勢狀態下，採取「示弱於敵」的策略，故意擺出不堪一擊的樣子，或呈現一種毫無防備的態勢。如是，可以混淆對手的判斷，使其疑竇叢生，對我方虛實做出誤判，或在持疑時，錯失了戰機。

當處相對弱勢時，亦有採「示強於敵」策略，也有迷惑對手的作用，目的是不讓對手看到自己的弱勢，進而有壯大實力和警示意味。告訴敵人「我有實力」，孔明的北伐、蔣中正的反攻大陸，可稱「大空城計」的示強於敵，硬撐一個地方政權對峙的局面。

空城計擴大運用時機模式

空城計擴大運用，可在任何場域進行「買空賣空」心理戰，但行險之計不能常用。上策還是要以堅強實力為基礎，且要實而實之（如後退包圍式空城計）較保險。

同一方式不要接連用，最好虛實交相使用。

人類已進化到二十一世紀，對空城計的使用，誰還會玩大開城門，登城撫琴之類的劇目。此計之現代價值，在其所蘊含的哲理，面對狀況能正確選擇「示強」或「示弱」，迷惑對手，虛張聲勢，即是對此計原理的運用。

現代因民主政治的資本主義社會，出現很多不擇手段的利己損人經濟活動，例如「皮包公司」就是空城計的產物。美國的安然公司就是一個超大「皮包公司」（註二），不知有多少受害者。所以，活在現代人人都要小心，「空城計就在你身邊」，小心上當，人財兩失！

范蠡的空城計

空城計顯示於外象者，是虛、是空、是無；但其內涵依然是實、是有、是存在的。這種辯證思維和范蠡的道家思想相似相通，尤其「計然七計」中所述有無陰陽辯證關係：「不易」和「變易」、「有欲」和「無欲」、「實體」和「虛體」等。（註三）虛實相合概念類似佛法的有無一體，乃至互為相生成長，故能「無中生有」，而層次不夠的人，看起來就似有似無，又似空城，只是一陣陣疑惑雲霧。

像范蠡這樣「有無一體」的境界，他隨時可以擁有（權力、財富），也隨時可放空（權力、財富）。有無對他而言，並無等差，故能「示弱於敵」，也能「示強於敵」，端看客觀環境須要。當他和勾踐在吳國當「越勞」，他使自己成為「無智、無德」之人，讓夫差把他看成一頭豬，以取得夫差的放心，這是示弱於敵。

當他和勾踐回國後，一切作為使夫差相信越國已完全臣服，在夫差眼中越國是「空虛」的，已無後顧之憂，有如實際的附庸國。此在吳國當然是伍子胥和伯嚭，各持不同見解，最終伯嚭打敗了伍子胥，配合了范蠡的「空、無」策略。（註四）

> 越已服而欲伐之，方許其成又欲襲之，將何以示諸侯？君王之令所以不行於上國者，以齊魯未服也。……兩國服，則君王之令行於上國矣，又何懼於越？

夫差相信了「越已服」的假象，是他的致命傷，反之是范蠡「示弱於敵」的成功。但此時此刻，越國在范蠡、文種等人努力下，其實正在積極建設、建軍備戰中，越國君臣在等「示強於敵」的機會。時機一到，就對吳國發起致命的武力戰。

從吳越兩國的實力比，吳是大國，越是小國。越國領土按《國語》所述，南至句無（四明山、天台山、會稽山之線），北至禦兒（浙江嘉興），東至鄞（今鄞縣），西到姑蔑（錢塘江上游龍游縣）。如是之小國，傾全國之力伐吳，可謂是「大空城計」之戰，其情類似蜀漢伐魏，亦同一九四九年後台灣地區反攻大陸政策。三者都用了「大空城計」思維原理，示強於敵，只是結果不一樣。

范蠡經商致富，他的賺錢哲學如同戰場用兵，也在有無虛實之間，自在悠閒的玩。他致千金（有），又散千金（無），如是再三，隨興提起放下，乃真財神也！

第二節　空城計之理論、詮釋與舉例說明

敗戰計

第三十二計：空城計

【原　文】

虛者虛之，疑中生疑；剛柔之際，奇而復奇。

【按　語】

虛虛實實，兵無常勢。虛而示虛，諸葛而後，不乏其人。如吐番陷瓜州，王君煥死，河西惱懼。以張守圭為瓜州刺史，領餘眾，方復築州城。版干栽立，敵又暴至。略無守御之具，城中相顧失色，莫有鬥志。守圭說：「彼眾我寡，又瘡痍之後，不可矢石相持，須以權道制之。」乃於城上，置酒作樂，以會將士。敵疑城中有備，不敢攻而退。又如齊祖珽為北徐州刺史，至州，會有陳寇，百姓多反。珽不關城門。守陴者，皆令下城，靜坐街巷，禁斷行人雞犬。賊無所見聞，不測所以，或疑人走城空，不設警備。珽復令大叫，鼓噪聒天，賊大驚，登時走散。

【注　解】

虛者虛之，疑中生疑：第一個「虛」為名詞，意為空虛的；第二個「虛」為動詞，使動，意為讓它空虛。剛柔之際：見《易經・解》卦。解，卦名。本卦為異卦相疊（坎下震上）。上卦為震為雷，下卦為坎為雨。雷雨交加，蕩滌宇內，萬象更新，萬物萌生，故卦名為解。解，險難解除，物情舒緩。本卦初六・《彖》辭：「剛柔之際，義無咎也」，是使剛與柔相互交會，沒有災難。這裡指敵強我弱、敵眾我寡之際。

【譯　文】

當兵力空虛的時候，就故意表現出更加空虛的樣子，使敵人加深疑惑。在敵眾我寡的情況下，這種用兵之法顯得神秘莫測。

按：用兵是虛虛實實的，沒有固定的方式。空虛的就顯示空虛，自諸葛亮以後，運用這條計策的人並不少。如唐玄宗時（公元七二七年），吐蕃人攻陷了瓜州（今甘肅西縣），守將王君煥戰死，河西地區（今甘肅河中走廊地區）人民非常震動驚慌。張守珪被派做瓜州刺史。他到任後，立即帶領群眾修建城牆。剛要置木樁大板在打牆，吐蕃人又突然襲來。城裡沒有防禦工具，大家驚慌相看，毫無鬥志。守珪說：「敵眾我寡，而且戰爭創傷還沒治好，不能利用箭、擂可防禦，必須用謀略去戰勝敵人。」

於是他命令在城樓上擺好酒席，叫樂工吹打彈奏，如將士們飲酒取樂。吐蕃人見了，心疑城內設有伏兵，不敢攻擊，撤兵回去。又如：公元五七三年（齊武平四年），北齊祖珽作北徐州的刺史，剛到任時，正逢南陳大舉入寇，當地老百姓乘機紛紛暴亂。祖珽命令不要關城門，守城的士兵全下城牆靜靜地坐在街巷裡，街道上禁止行人通行。全城寂靜無聲，雞不亂鳴，狗不亂吠。南陳軍隊看不到什麼，也聽不到什麼，此時摸不清狀況。他們懷疑是座無人防守的空城。這時祖珽突然命令士兵高聲吶喊，聲音震天，南陳軍隊大吃一驚，立即紛紛逃散了。

王君煥：唐瓜州常樂人，字威明。開元年間，為河西隴右節度使，擊退吐蕃有功，晉昇為大將軍。後來吐蕃陷瓜州，又有品紇部隊等造反，在力戰中陣亡。

張守珪：唐陝西人。開元年間為瓜州刺史，破吐蕃有功，晉昇輔國大將軍。

祖珽：北齊范陽人，字孝徵。任北徐州刺時，陳兵來攻。祖珽之政敵故意不派救兵，反而希望徐州城被攻陷，然而卻保住了城池。

陳寇：陳為南朝的陳。西元五七三年，南朝陳宣帝派遣吳明徹、裴忌諸將率十萬大軍進攻北齊，故『北齊書』中稱其為「陳寇」。

【出　處】

此計依據《孫子・虛實篇》中的論述：「進而不可禦者，衝其虛也；退而不可追者，速而不可及也。故我欲戰，敵雖高壘深溝，不得不與我戰者，攻其所必救也；我不欲戰，雖劃地而守之，敵不得與我戰者，乘其所之也。」、「故形兵之極，至於無形；無形，則深間不能窺，智者不能謀。」。《草廬經略・虛實》中說：「虛實在我，貴我能誤敵。或實而示之以虛，或虛而虛之，使敵轉疑以我為實。」，而見於

《三國志・蜀善・諸葛亮傳》。本計流傳盛名乃於《三國演義》第九十五回：「馬謖拒諫失街亭，武侯彈琴退仲達」。

【成功關鍵因素】

用計心法：「空城計」是一種心理戰術，用兵往往是虛虛實實的，沒有固定的方式。本計是在形勢嚴峻之時，為解燃眉之急的情況下，所採取的險策。因此，多在不得已的狀況下使用，且只作為緩兵之計。俗話說：「兵不厭詐」，空城計就是攻心詐術中的一種。要深入揣摩敵人的心理，在此基礎上要小心運用，必能收到奇效。

本計核心：「空城計」之使用，通常是在己方處於劣勢，為了爭取時間，避開敵方攻擊，故意裝成無所防備的模樣，以困惑敵方的心理戰術。其奧妙之處乃藉由虛實變化，「虛」可用「虛」示之，「虛」也可以「實」示之，讓敵方摸不著頭緒，使他的判斷力受影響，我方就有致勝的機會。本計的核心所在，是「虛虛實實，示之無形」。它通過虛實變化，造成敵人的錯覺，使敵人不辨虛實，不知真相，以到出奇致勝的目的。

用計錦囊：「空城計」的使用，乃是因為己方居於劣勢，沒有勝算時，偽裝成毫無防備的狀態，迷惑敵人判斷的心理戰術遊戲。本計的作戰目的，並不在於戰勝敵人，而是在爭取時間，迴避敵人的攻擊。此計多用於緊要關頭或死裡求生時。

此計雖是千古流傳，卻實為一項極為冒險的計策，使用者必須「有膽」、「有識」。「有膽」是面對危急的局勢，果斷決定，賭博的成分；「有識」則要能掌握對方的心理動向，此為該計的重要關鍵，若無把握，此「險策」非到緊要關頭不用為宜。

【歷史案例】：李廣布迷局

漢朝名將李廣，箭法精準且行動快速，他長期駐守於邊境，抵禦匈奴的入侵，匈奴人聽到他的名聲都會感到畏懼，當時人們尊稱他為「飛將軍」。李廣的箭法究竟有多厲害？聽聞李廣有一次天色晚時，在山中看見一隻老虎，他使力將箭射出，當隨從追至老虎藏身處一看，發現李廣的箭插在一塊大石頭上，拔也拔不下來，憑著這一箭，人們便傳說李廣的箭能射穿石頭。

李廣不僅驍勇善戰，而且遇事冷靜、機智。有一次，李廣率軍在上郡與匈奴人作戰，他帶領了一百名騎兵，追捕匈奴箭法嫻熟的射手，他射死其中兩個，俘虜一個，就在回營的途中，卻見到幾千名匈奴騎兵追了上來。面對大批匈奴兵來襲，李廣的手下們感到驚慌，李廣這時鎮定地對大家說：「我們離開大營幾十里了，如果現在往回跑，匈奴兵一定會追上來把我們消滅。不如保持鎮靜，停下來按兵不動，匈奴反而會以為有詐而不敢來犯。」

當匈奴的大隊人馬遇到李廣等人後感到疑惑，為何漢軍顯得悠閒自若，毫無畏懼的樣子，因為摸不清底細，匈奴兵只好暫時遠遠的觀察對方動靜，不敢輕易冒犯。接著，匈奴命令一位將軍率領小隊人馬前去挑戰，李廣看到後，隨即拉弓射箭，一下子就射死那位將軍，其餘手下見狀嚇得逃回去。

匈奴將領認為李廣是在使用誘敵之術，經過這一試探更讓他相信自己的猜測。等到天黑之後，匈奴兵怕漢軍半夜襲擊他們，就趁夜離開了，天亮時，李廣沒瞧見匈奴兵，便帶著騎兵們平安回到大營。

李廣身邊僅有百位騎兵，面對匈奴幾千人的陣仗，卻臨危不懼，使用「空城計」機智應對。他掌握敵人多疑的特點，佈下迷陣，在與敵人對峙時則穩住陣腳，沒有流露出絲毫的驚恐，因此敵人中計，退敵成功。

【現代案例】：朱利奧餐館的「無價」菜單

在美國的匹茲堡市，有一家「朱利奧餐館」，餐館中的菜單上只有菜名卻沒有定價。菜單上寫著這樣的話：「在朱利奧餐館，相信上帝會給我們帶來好處。因此，菜單上沒有價格，請您自己決定菜價。」

來這家餐館就餐的人絡繹不絕，成為當地的一個「熱點」。更使人驚奇的是，來就餐者極少有不付錢或者少付錢的，絕大多數付了高於飯菜實際價格的鈔票。

按照常規，不管是商店還是飯店，都是賣方事先把商品價格定好，顧客只是處於被動的接受地位。縱使可以討價還價，也需要在賣方規定的價格範圍內波動。然而，「朱利奧餐館」卻打破規矩，讓顧客根據自己對飯菜使用後的評估來定價。許多人為了炫耀自己的名譽、地位和成就，獲得心理上的滿足和快意，在眾人面前往往願意出手闊綽。

事實證明，這種不訂價格的「空城計」，確實為朱利奧餐館帶來巨大的利潤和名氣。

評論：「朱利奧餐館」的計略成功，在於它掌握了兩項使用「空城計」的關鍵原則：一是讓顧客摸不著頭緒，菜單上只提供菜名卻沒有價格，因虛實難辨，容易模糊了顧客的判斷能力；二是充分掌握住顧客心理，顧客為了彰顯自己的身價，就會有用「錢」去比較的心態，亦即在付帳時刻意大方。

因此，行銷產品時，先以「虛」顯示在消費者面前，企圖混淆他們，使其落入被刻意營造的假象中，同時利用消費者的心理，當他們為了滿足需求時，更容易導向銷售者的目的。

第三節　空城計情境：關鍵、執行與練習

「空城計」給我們最大的啟示，也是可以學習的，是遇事沉著冷靜，對手（敵人）看起來就好像你有所準備。他便不敢貿然行動，可能因而產生誤判。

像孔明那樣的空城計，現代人沒機會玩了。但漢朝名將李廣的沉著是可學的，朱利奧餐館的「無價」菜單用了空城計原理，是現代人可複製或再改良創新的。

人性有善有惡，空城計是一把「好刀」，壞蛋很容易用此刀為惡。期許更多善良的人，用此刀正派謀利，再從以下做反思練習，正確使用空城計。

空城計要素及反思

——一種「疑敵緩兵」的心理戰術

1.關鍵要素：

・情勢嚴峻焉能解燃眉。

- 對手正在攻擊或準備攻擊。
- 洩漏自己的實力或弱點。
- 利用對方猜疑的陷阱。
- 對手停止進攻，他害怕你的實力。
- 誤判你不認為威脅。

2. 執行的問題：

- 列舉越多的選手越好（比如，直接競爭者、供應商、推銷商）。
- 一旦你向對手披露真實戰略，他會視你為強大或軟弱的威脅嗎？（對確定的每個對手回答）
- 對這種信息，他會怎樣的反應？（對確定的每個對手回答）
- 給出上述答案後，你會披露自己的戰略或計劃嗎？
- 你要他怎樣反應？
- 什麼信息能引誘他如此反應？

3.執行空城計的自主練習九宮格

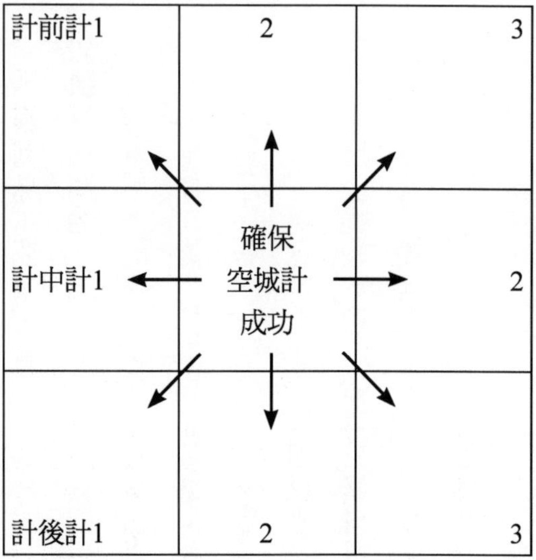

小結

(1)應用特性　常用於季節性銷售以及尿素博弈。季節性銷售本身具有博弈性質，尿素尤為突出；尿素「三賭」中，賭銷量最為困難，很難預知己方到底可以銷售多少肥料；尿素的貨源供應很難保證，原因很多，如季節性漲價、運輸困難、儲備困難、市場局部缺貨等；為了給競爭對手施加壓力，可通過信息手段，打壓競爭對手的儲備量。

從營銷的角度來說，空城計的實施目的主要是迷惑對手，使企業暫時擺脫困境，及時調整營銷方案。也可以作為促銷的技巧，比如有意造成局部市場貨源短缺，或者事先公布漲價通知，以引起消費者的關注。

⑵**市場基礎**　本企業的傳統市場，但運距遙遠，競爭優勢薄弱。

⑶**產品定位**　本企業產品是高質量、高價位名牌產品。

⑷**營銷目標**　規避產品營銷缺陷，保證市場銷量相利潤。

⑸**準備措施**　制定貨源發運和儲備計劃、制定產品價格調整體系。

⑹**措施實施**　合理儲備貨物、合理布局、合理時間發運。出現市場貨源空白時，盡量及時補充，貨源不足時就漲價。

【附　註】

註一　魏汝霖，《孫子今註今譯》（台北：台灣商務印書館股份有限公司，民國七十六年四月，修訂三版），詳見〈虛實篇〉。

註二　于汝波，《三十六計的智慧》（台北：大地出版社，二〇〇六年九月），頁二五二～二五三。

註三　范聖剛、范揚松，《商戰春秋陶朱公》（台北：聯合百科電子出版有限公司，二〇一九年十二月十五日），第二篇，第一章。

第三十三章　反間計

「間諜」可能是人類最早的「高級行業」，因其「賞莫厚于間」（一國之中薪資最高的人），他關係國族興亡和人民生命財產的存滅有無。賈林（唐）曰：「軍無五間，如人之無耳目也。」，他應得到最高報酬。《孫子兵法》特設〈用間篇第十三〉曰：（註一）

故用間有五：有鄉間、有內間、有反間、有死間、有生間。五間俱起，莫知其道，是謂神紀，人君之寶也。鄉間者，因其鄉人而用之。內間者，因其官人而用之。反間者，因其敵間而用之。死間者，為誑事於外，令吾間知之，而傳於敵。生間者，反報也。

鄉間是本國人民住在敵國而為我之間諜，內間是敵國官吏而為我之間諜，反間是利用敵之間諜反成我之間諜，死間是到敵國散播假情報難以生還的間諜，生間是隨時可以回國報告的間諜。五間之中以反間最重要，兵聖孫子也說的很清楚：（註二）

> 必索敵間之來間我者，因而利之，導而舍之，故反間可得而使也。因是而知之，故鄉間內間可得而使也。因是而知之，故死間為誑事，可使告敵。因是而知之，故生間可使如期。五間之事，王必知之，知之必在於反間，故反間不可不厚也。

反間成功了，才能帶動其他四間可以產生預期功能，只有反間可以知道敵人內部最高機密。所以，孫子強調領導者要掌握五間，而以反間最重要，反間者拿到的銀子最為豐厚。反間乃成三十六計之第三十三計。

第一節　范蠡與反間計

反間計基本操作時機模式

反間計是「以其人之道，還治其人之身」的計謀。方式（模式）有兩種：㈠示以偽情。把假情報故意透露給敵人，使之不辨真偽，中我圈套。㈡厚利賄之，重金收買，能使敵間為我所用。

反間計也是分化離間對手的好辦法，破壞敵方內部團結，削弱敵方戰力，為我方勝利提供有利條件。使用的手段不外散播謠言、製造誤會、擴大矛盾、拉一打一；過程中以重利誘惑、設計陷害或美人計，都是中外永不退流行手法。

歷史上著名的間諜史例極多，乃至冷戰時期美蘇的間諜戰，現在美國情報員依然佈滿地球。所有大國、小國，要在世間爭生存發展，無不用間，為獲利更為安全。

反間計擴大運用時機模式

反間工作現代化將與科技結合，手段更高明，效果更強大。早在二〇〇二年三月十八日的日本《每日新聞》，美國為維持全球霸權，用先進衛星監控全球各大國，使其監聽機構成為「隱形耳朵」。（註三）這等於美國在很多國家內部放一匹「特洛依木馬」。

除了先進的科技反間，美國在「九一一事件」後，也加強「人工情報」，因為賓拉登的「蓋達」組織，極機密都是「人工傳達」。（註四）原來面對第四波戰爭開山鼻祖賓拉登，反間方式回到原始才叫先進。

美國國家安全局前首席科學家羅伯特・莫里斯提出人工情報的「三B」方法：偷盜（Burglary）、賄賂（Bribery）、誑詐（Blackmail）。與孫子所述也很類似，可以說自古以來，任何國家、所有組織、經濟商戰、智者領導，都在抓住時機使用反間計，包含范蠡。

范蠡的反間計

越國派在吳國的情報人員，應有不少鄉間、生間或死間，否則斷難以了解吳國動態，亦無法掌握吳國重大軍情。但內間或反間最重要就是伯嚭。這伯嚭到底是何方人士？《史記・伍子胥列傳》曰：「楚誅其大臣郤宛、伯州犁，伯州犁之孫伯嚭亡奔吳，吳亦以嚭為大夫。」（註五）伯嚭先為大夫，後為太宰，原來他是流亡政客，越國文種和范蠡對伯嚭早有掌握，「吳太宰嚭貪，可誘以利」更是范蠡的著力點。（註六）伯嚭很快被「收買」成為越國的內間和反間，《史記》也有記載：（註七）

> 於是勾踐乃以美女與寶器，令文種陰謁伯嚭曰：子苟赦越國之罪……伯嚭以知夫差志切爭霸中原，又貪其賂，乃偕文種而進言於夫差……

此後，伯嚭在吳王夫差面前所有言論，都倒向越國，形同越國的代言人，唯一反對者只有忠臣伍子胥。這二人同是楚國流亡者，一忠一奸，但忠臣先死於非命，雖讓人難以接受，但這是事實，也是歷史。

照理說，西施是當時越國的「〇〇一情報員」，在「興越滅吳」大業中她也是大功臣。為何古書都沒有詳記她的事功？這和古代女人地位有關，功勞都有，只是「功勞簿」上不記。但合理的判斷，她是由范蠡親自帶往吳國獻給夫差，西施和范蠡在諜報任務必有所連接，她算是「鄉間」，送給夫差成了「內間」，她在五間可能都發揮了作用。以《東周列國誌》的西施故事為本，小說中觸及西施和范蠡的談話，最後西施說：（註八）

> 妾雖女子，頗知大義。自聞吾國為吳所敗，越王且遠適異國，為人臣妾，便已忿恨無窮。今既用妾報仇，敢不勉力自效。相國如果尚需美女，妾有閨中蜜

友，名曰鄭旦，與妾容貌相仿，亦可同去，以收指臂之助。

可見西施有巾幗英雄的氣概，有共赴國難、盡忠報國的決心，還拉著閨蜜同往「以收指臂之助」，這是執行任務的方法。可惜鄭旦在吳國第一年病逝，西施獨挑重任，順利完成范蠡所交付的任務。

第二節　反間計之理論、詮釋與舉例說明

敗戰計

第三十三計：反間計

【原　文】

疑中之疑。比之自內，不自失也。

【按　語】

間者，使敵自相疑忌也；反間者，因敵之間而間之也。如燕昭王薨，惠王自為太

子時，不快於樂毅。田單乃縱反問曰：「樂毅與燕有隙，畏誅，欲連兵王齊，齊人未附。故且緩攻即墨，以待其事。齊人惟恐他將來，即墨殘矣。」惠王聞之，即使騎劫代將，毅遂奔趙。又如周瑜利用曹操間諜，以間其將；陳平以金縱反間於楚軍，間范增，楚王疑而去之。亦疑中之疑局也。

【注 解】

疑，疑心、懷疑，決心動搖，猶豫不決。比之自內，不自失也：此語出自《易經·比》卦，比，卦名，本卦為異卦相疊（坤下坎上）。本卦上卦為坎為水，下卦為坤為地，水附托於大地，大地容納著水，此為相依相賴，故名「比」。比，親比，親密相依。本卦六二《彖》辭：「比之自內，不自失也。」大意是，來自對方內部的援助，自己不會受到損失。

【譯 文】

在敵人設置的疑陣中，再布下一層疑陣。《易經·比》：「如果利用敵人內部的策應援助為我方工作，那麼自己就不會受到損失。」

按：做間諜的，是嗾使敵人互相猜疑、嫉妒；做反間諜的，是誘使敵方的間諜離間敵人。例如：戰國時，燕昭王死了，齊將田單利用燕惠王做太子時，對大將樂毅的不滿，便使用計策揚言：「樂毅與燕王有宿怨，怕燕惠王殺他，他企圖連聯絡齊軍，在那裡當齊國國王。只是齊國人還沒歸順他，所以他暫時放鬆攻打即墨的計劃，為的是等待時機成熟。現在齊國擔心的是，就是燕國改派別的大將來，要是這樣，即墨就會被毀滅。」燕惠王聽了，覺得這話很道理，立刻另派騎劫去代替樂毅的職務，統帥大軍。樂毅被免了職，很害怕，便逃奔到趙國去。又如三國時，周瑜利用曹操的間諜，進行反間活動，使曹操斬殺了大將蔡瑁、張允。漢劉邦的謀士陳平，用金錢收買楚軍將士，傳播謠言，離間楚王和軍師范增的關係。楚王項羽果然相信，范增和漢王劉邦兩人暗中勾結，便不再信任他，致使范增離開項羽後回到老家，病死於途中。這也就是在疑陣中再布疑陣的策略。

反間：收買敵方的間諜為我方效命。

樂毅：戰國時代，燕國名將。中山國靈壽（河北靈壽）人，昭王時期倍受重用。西元前二八四年（周赧王三十一年）破齊，封於昌國（山東淄的東北），號為昌國君。後因遭受到迫害，亡命於趙國。

田單：戰國時代，齊國名將。臨淄（山東臨淄東北）人，樂毅攻齊時，守即墨，使得燕軍無法攻下。西元前二七九年（周赧王三十六年）使出反間計，迫使燕軍主將樂毅離職，改派騎劫來訝，田單用火牛陣（將千餘頭的牛尾點上火，使其奔入燕軍陣內），致使燕軍大敗。

騎劫：為燕將，雖然勇猛，卻只是個紙上談兵的武將。但素得太子信任，教唆太子向昭王進樂毅的讒言，是為了奪取軍權。當惠王即位之後，惠王以他取代樂毅攻齊，但被田單所擊破，死於亂軍之中。

曹操的間諜：指的是蔣幹，字子翼，九江人，為曹操的幕僚。因其與周瑜素有舊交，故以懷舊為名去見周瑜，從事間諜活動。但卻被周瑜所識破，假裝魏軍中有人內應，反過來利用了蔣幹，使蔣幹帶著假情報回到曹營，而令曹操中了反間之計，誤殺了蔡瑁、張允二員大將（兩大將為水軍都督）。

【出處】

此計見於《孫子・用間篇》：「反間者，因其敵間而用之。」

《孫子・用間》：「故用間有五，有鄉間（以敵國人民作問諜者）、有內間（以敵國官員作間諜者）、有反間（以敵國間諜為間諜者）、有死間（假裝依附敵人而傳達假情報者）、有生間（派人潛入敵國，以密查敵情回報者）。五間俱起，莫知其道，是謂神紀，人君之實也。鄉間者，因其鄉人而用之。內間者，因其官人而用之。

反間者，因其敵間而用之。死間者，為誑事於外，令吾聞知之，而傳於敵。生間者，反報也。」

【成功關鍵因素】

所謂「反間計」，就是傳播假情報，離間敵人，或使敵人難以判斷的策略。而在散佈假情報時，利用敵方間諜是最有效的。利用本計最典型的兩個方法：一、收買敵方間諜，散佈假情報。二、故意裝作未發覺，使其接受假情報。整合而論：本計是故意製造洩露給對方錯誤的資訊，使其得出錯誤的判斷和決策，作出最有利於我方的行為。

「反間計」就是巧妙地利用敵人的間諜為我所用，是一種積極的應變術，又可說是「以子之矛，攻子之盾」。但敵人的間諜要如何反間，為我力所用呢？可以給間諜優厚的待遇，以利益去引誘他，使他為我方效力；或者「將計就計」，發現間諜的意圖卻佯裝不知，再故意透露假情報給他，若他受騙將假情報傳回敵營後，敵人就可能落入圈套，判斷失準。

使用這套臨危應變的謀略，關鍵在於「以假制假」，造假必須造得像樣、假得逼真，因而才能取得對方信任，使之受騙上當。

商戰應用：在推銷中運用「反間計」，就是在推銷競爭中，以積極的姿態應變，收買敵方間諜，使其變為在我方控制下，給對方提供假情報的雙重間諜，而我方則不露聲色，向其提供假情報，使敵方上當犯錯，這種巧用反間，其實也就是將計就計。

【歷史案例】：岳飛除劉豫

劉豫為宋朝叛臣，在金兵南下攻宋時，殺害宋朝守將降金，由金朝策封為大齊皇帝。劉豫與金勾結，對中原而言構成威脅，岳飛便藉由一次機會破獲他們的聯盟關係。

一日，岳家軍捉到一名金兀朮手下的間諜，當這位間諜被押進大帳裡受審時，岳飛一見便發火道：「你這個張賦，我派你到齊地，你為何一去不回？」

間諜聞言一時困惑，但很快就反應過來，以為岳飛一定將他誤認為名叫張賦的那個人，心中暗喜，打算將錯就錯以保全性命。於是他回答：「小人實在不知何時回來啊！」

岳飛：「當初我派你去齊地，是叫你誘來金兀朮，結果你一去不回，沒了消息，我只好再派別人去。齊軍現在已答應明年以聯合進攻長江之名，把金兀朮騙來，到時便能除掉他。對於你不回來之事，可知罪？」間諜忙說：「小人之罪。」岳飛又接著說：「那我寫一封信，你帶給劉豫，叫他按時起兵，這次可不准再出錯。」

岳飛便提筆寫了一封信，且命令士兵將間諜的腿割開，以藏信件，然後讓間諜帶走。間諜回到金兀朮身邊之後，將信交給了他，金兀朮大吃一驚，立刻將事情呈報金王。

劉豫的權利與職務遭廢除，劉、金的聯盟也因此瓦解。岳飛假裝認錯人，用計離間了敵人之間的聯盟，除去宋朝的一大禍害。

【現代案例】：巧克力的世紀大戰

巧克力是種奇異的東西，經過加工後，口味百變，幾乎人人都愛吃，自美洲傳出後，迅速風靡了歐洲，現今於世界各國，巧克力已經是一種普遍的食物，不僅做成糖果食用，也能入菜成為佳餚。

然而，較少人注意到，巧克力加工的歷史其實交織了用間與反間的過程。

最早掌握巧克力製作技術的是墨西哥人，起初，當地印地安人將可可粉加上玉米、辣椒等攪和製成糊狀物，後來開始加入糖、香草等調味，降低苦澀味。

當西班牙騎士列戈周遊列國來到墨西哥，風度翩翩的列戈與善良的墨西哥人不久便建立了友好關係，當列戈要求想參觀巧克力生產過程時，墨西哥人也破例答應。豈料，列戈其實是來竊取墨西哥巧克力生產技術的間諜，當他回國之後，便開始從事巧克力的生產，很快的，巧克力成為西班牙的暢銷食品。

不少西班牙人因為生產巧克力而致富，因此引來歐洲其他國家商人的注目，各國產業間諜紛紛來到西班牙，意圖偷竊這門技術。其中，義大利人採用重金收買的方式，竊取到了生產秘方。

自義大利打破西班牙對巧克力生產的壟斷後，其他國家也陸續跟進。先是英國偷到秘方，並且加以改進製成奶油巧克力；接著，瑞士也如法炮製，然後，德國以及亞洲的日本也加入戰局，於是，這場間諜戰連綿上百年。

瑞士成為世界聞名的巧克力王國，一九八一年，向世界一百多個國家出售巧克力二十八萬噸，在瑞士國境內，每個人平均一年消費十公斤，居世界第一。為了保持霸主地位，瑞士也以法律的形式明文規定：凡出賣經濟情報就是洩漏國家絕對機密，以叛國罪論。

商品利潤豐厚，商人便願意以重利獲取情報，而且即使國家制訂嚴苛法律，仍有不少人受金錢誘惑，當間諜出賣情報，因此，不論是用間還是反間的戲碼依然沒有休止。

第三節　反間計情境：關鍵、執行與練習

現代社會的「反間計」，較之往昔中外歷史任何階段，都更為廣泛而深化複雜，

不論政爭、商戰、國際爭雄都是。手段也更多元，收買、綁架、誆騙、控制、設陷阱加上所有臨時想到的方法，美人計通常配合當「餌」。

「道商」在民主社會似乎難以生存，因為在以資本主義為核心價值的民主政治社會，流行著「商場上沒有永遠的朋友」。你一不小心就被出賣或背叛，小心！間諜在你身邊！透過以下情境，再做反間計的探索，期許永遠不會中計上當！而你所設的計，計計成功！

反間計要素及反思
——「以子之矛，攻子之盾」的計謀

1.關鍵要素：

- 要設計不同的誘餌。
- 引誘對手的代理人為你效力。
- 計劃性洩漏情報資料。
- 藉中間人顛覆對手關鍵的人事物。

2.執行的問題：

- 對手最倚重的緊要關係是什麼？（盡可能列舉）

- 對手對戰局的假設與目標為何？
- 你怎麼影響或去除每種關係？
- 你有三至五種反向操作嗎？
- 伴隨每次行動，會牽連什麼人？

3. 執行反間計的自主練習九宮格

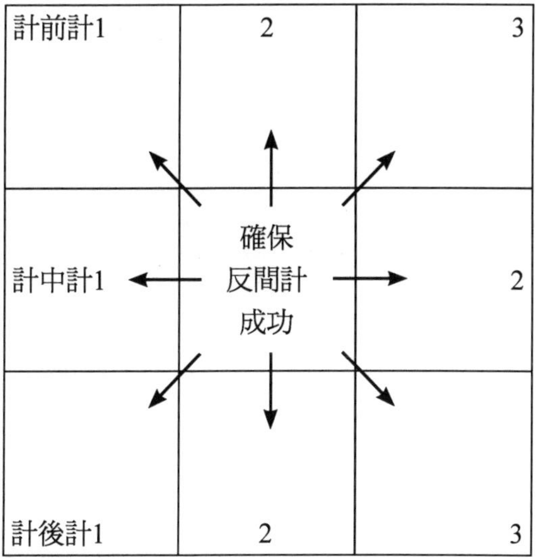

小結

(1)**應用特性**　常用於己方參與競爭對手之間的競爭。經銷商之間的競爭主要體現在產品代理權以及區域的競爭、網絡和零售商的競爭，以及市場銷量的競爭。經銷商具有一定實力後，會相互競爭，如果競爭的雙方都沒有和己方合作的可能就可以使用反間計。反間計可以用來平衡經銷商、考察經銷商，首先聯合一方，然後暗中聯合另外一方，隨時做出選擇。挑起其他企業之間的產品的競爭也是主要的方法，對敵雙方都在降價跑貨，兩敗俱傷，己方可以重新整合市場。

從營銷的角度來說，反間計所涉及主要是商務機密的問題，企業的運行依靠生產技術、管理方式、營銷策略、談判條件以及戰略發展各個方面，這些都屬於商業機密。比如生產技術，需要無數次的試驗探索，需要付出相當的代價和成本；營銷方式需要不斷地創新以防止競爭對手跟進。競爭對手如果取得了這樣的資料，就取得了競爭的優勢，因為跟隨營銷是成本最低的營銷。

(2)**市場基礎**　同類產品競爭比較激烈的主市場。

(3)**產品定位**　努力創立一流品牌形象。

⑷營銷目標　在競爭對手的激烈競爭中，尋找自己生存的方向。

⑸準備措施　密切觀察競爭對手的情況，獲取競爭對手的營銷資料。

⑹措施實施　通過對方企業網站、宣傳廣告、其經銷商以及市場行為，了解競爭對手，進行針對性的營銷調整。

【附　註】

註一　魏汝霖，《孫子今註今譯》（台北：台灣商務印書館股份有限公司，民國七十六年四月，修訂三版），詳見〈用間篇第十三〉。

註二　同註一。

註三　于汝波，《三十六計的智慧》（台北：大地出版社，二〇〇六年九月），頁二六〇。

註四　陳福成，《第四波戰爭開山鼻祖賓拉登》（台北：文史哲出版社，二〇二〇年四月，修訂再版）。

註五　漢・司馬遷，《史記》（台北：宏業書局，民國七十九年十月十五日），頁二一七五。

註六　同註五，頁一七四〇～一七四一。

註七　同註五，頁一七四一。

註八　洪叔苓，〈美人計的敘事模式與性別政治——從西施故事談起〉，《婦女與兩性學刊》第八期（台北：台大人口研究中心婦女研究室，民國八十六年四月），頁一五一～一六七。

第三十四章　苦肉計

講到「苦肉計」，大家先想到歇後語「周瑜打黃蓋——一個願打、一個願挨」典故，但這個情節是《三國演義》的杜撰。吾國歷史上第一個真正的苦肉計，是《呂氏春秋・慎大》說，商湯派伊尹入夏做間諜，怕夏人不相信他，親自用箭射傷伊尹，伊尹跑到夏朝獲大量情報，回到湯的身邊，為商湯滅了夏立大功。《孫子兵法》最後在〈用間篇〉總結說：（註一）

> 昔殷之興也，伊摯在夏；周之興也，呂牙在殷，故明君賢將，能以上智為間者，必成大功，此兵之要，三軍之所恃而動也。

伊摯，伊尹也，佐湯滅夏桀‧呂牙，呂尚也，世稱姜太公，初仕於紂，以其無道而去，乞食忍飢以行，後逢西伯遵為尚父，西伯卒，其子武王立，佐武王滅紂興周‧姜太公是吾國兵法家、謀略家、政治家之始祖，有《姜太公兵法》傳世。（註二）「乞食忍飢以行」也有苦肉計內涵，只有明君賢將用之成功立業。

綜合各種苦肉計有五個意涵：㈠自我傷害取得對方同情或信任；㈡故意使敵人小勝以創造哀兵必勝局面；㈢打入敵人內部進行離間；㈣先作小犧牲創造未來大勝利；㈤暗中自害，嫁禍於人。但苦肉計也是險計，不得已用之。中外也有很多著名史例如：要離捨身刺慶忌、勾踐忍辱嘗糞便、周瑜打黃蓋、王佐斷臂說文龍；西洋古代赫梯人大勝埃軍、亨利王雪地長跪求教皇等。筆者最感動者，是樊於期割下自己的人頭給荊軻，古今無人能學了！

第一節　范蠡與苦肉計

苦肉計基本操作時機模式

正常情況下，人不會自傷自苦，這是人性的情理使然。只在極特別的時機，為極重大事件，才須要自演苦肉計受害，目的是「以真作假、以假亂真」，使離間之計順利執行。這是順應敵人的弱點予以欺騙，通常可以達成所要之目的。

反間計是順應敵人的疑惑，使他的疑惑成真。而苦肉計是表面向敵人提供情報，實則打入敵人內部臥底，凡是臥底於敵營工作者，都是苦肉計的各種模式。

苦肉計擴大運用時機模式

歷史上的大國、強權，凡為侵略、擴張領土、擴大戰爭，都自導自演「集體苦肉計」。倭國侵華自炸南滿鐵路，嫁禍吾國，尋找發動戰爭的藉口；美國為擴大越戰自炸砲艇，嫁禍北越，民主媒體配合宣傳，全國沸騰。凡此，皆「大苦肉計」，苦肉計之擴張。

另一種是民族大義之大苦肉計，如「黃花崗烈士」以自己血肉喚醒民族魂，即譚嗣同說：「各國變法，無不從流血而成，今日中國未聞有變法而流血者，此國之所以不昌也。有之，請自嗣同始。」（註三）而廿一世紀開始，由賓拉登「基地」組織十九名聖戰士創作的「九一一」戰事，乃人類史上空前大苦肉計。（註四）此戰，賓拉登開創了第四波戰爭，並喚醒伊斯蘭民族精神，大大削弱了邪惡的美帝。

范蠡的苦肉計

話說「天將降大任於斯人也，必先苦其心志……」范蠡在「興越滅吳」初期，確實吃了不少「苦肉計」之苦，其苦恐非筆墨所能形容，亦非常人所能忍受；而其情節亦古今中外歷史所未見，難怪歷史遵他是「商聖」，又遵「聖臣」。舉其「苦肉計」幾例。

第一、提出越國投降的苦肉計條件。最初勾踐不聽范蠡諫言，輕易對吳作戰大敗，轉瞬必死，范蠡主張對吳投降才能圖存。經多次努力（含陰賂伯嚭），才得到夫差同意的條件：（註五）

勾踐之女，女於王；大夫女，女於大夫；士女，女於士。越國之寶器盡從，寡君率越國眾，以從君之師徒，唯君左右之。

這意思是說，勾踐的女人都歸夫差擁有，越國大夫的女人歸吳國大夫所有，往下推都是。越國寶物全給吳國，勾踐率臣民來吳國當奴僕，聽大王指令左右之。附帶條件是吳王若不答應投降，便焚宗廟、殺妻女、毀寶物，帶五千敢死隊決一死戰。最後在伯嚭美言下，夫差當然是答應了，伍子胥反對不成，吳王乃撤軍。

第二、三年為奴多少回苦肉計得以圖存回國。投降後，勾踐和范蠡等一行，到吳國成了夫差的奴僕，有好幾回夫差在伍子胥勸諫下，確實要殺掉勾踐，都是范蠡苦肉計解危。其中有一回，范蠡在在吳王殿前演出假自殺，以退為進救了勾踐。（註六）沒有范蠡，勾踐早死了。

第三、苦肉計經典：設計勾踐嘗夫差糞便，以取得夫差感動和信任。范蠡乘夫差小病用這千古之「毒計」，在多處已有論及，不再贅述。惟史臣有詩云：「越王已作釜中魚，豈料殘生出會稽；可笑夫差無遠慮，放開網羅縱鯨鯢。」（註七）可見夫差的婦人之仁，歷史和世人是不肯定，簡真是豬頭。

勾踐君臣回國開始「十年生聚、十年教訓」，勾踐「臥薪嘗膽」，準備復仇大業。范蠡積極建軍，為增加兵源，其人口政策規定婚姻、生育等國家的補助計劃，頗值現代解決少子化的參考辦法：（註八）

女子十七不嫁，其父母有罪。丈夫二十不聚，其父母有罪。有將分娩者以告，公醫守之。生丈夫，二壺一犬。生女子，二壺酒一豚。生三人，公與之乳母；生二人公與之口糧。

越國這些政策都為建立軍隊，意外讓筆者理解，狗在春秋時代是民生食用肉品。在越國軍隊中，范蠡建立了一支死士（敢死隊），在吳越兩軍對峙時，一排死士走到吳軍陣前自刎而死，吳軍震懾而亂，越軍乘亂衝殺，大敗吳軍。這種「大苦肉計」，古今歷史少見。

第二節　苦肉計之理論、詮釋與舉例說明

敗戰計

第三十四計：苦肉計

【原　文】

人不自害，受害必真；假真真假，間以得行。童蒙之吉，順以巽也。

【按語】

間者，使敵人相疑也；反間者，因敵人之疑，而實其疑也；苦肉計者，蓋假作自間以間人也。凡遣與己有隙者以誘敵人，約為響應，或約為共力者，皆苦肉計之類也。如：鄭武公伐胡而先以女妻胡君，並戮關其思；韓信下齊而酈生遭烹。

【注解】

童蒙之吉，順以巽也：語也《易經・蒙》卦。蒙，卦名，本卦是異卦相疊（下坎上艮）。本卦上卦為艮為山，下卦為坎為水為險。山下有險，草木叢生，故說「蒙」。本卦六五・《象》辭：「童蒙之吉，順以巽也。」本意是說，幼稚蒙昧以之人所以喜利，是因為柔順服從。

【譯文】

人通常不會自己傷害自己，若受到傷害，必然迫害是真的。利用此常理，我方若以假亂真，令敵方信假為真，離間計謀便可以施用。《易蒙・蒙》卦說：「利敵方的心理特點，如同蒙騙單純幼稚的孩童，順著他的性情，就得以任意擺佈。」

按：做間諜的，使互相猜疑；做反間諜的，是利用敵人內部原有的猜忌，而更加強他們的猜忌。行使苦肉計的，是向敵人承認自己是派來的間諜，再乘機作間諜活動。凡是派遣與己方有仇恨的人，去惑敵人，不論是相約作為內應的，或是相約共同起事的，都屬於苦肉計一類的計謀。如：鄭國武公伐胡國，先把自己的女兒嫁給胡國的國君，又殺了本國主張胡的大夫關其思。胡君以為鄭國親己，便不對鄭國作守備之計。後來鄭國突然襲擊胡國，將胡國滅亡。漢高祖派酈食其去齊國勸說齊王降漢，使齊王不作守備之計；後來韓信忽然向齊國進攻，齊王以為酈生賣己，便將其煮殺。

【出　處】

此計見於《三國演義》：「瑜拜謝之曰：『君若肯引此苦肉計，則江東之萬幸也。』」此計是利用自我傷害的辦法，去取信於敵，以便進行間諜活動的一種計謀。

【成功關鍵因素】

施行「苦肉計」，是以自我傷害的辦法取信於敵，要先假裝我方內部發生矛盾，引起敵人猜忌，再派人裝作受到迫害，取信於敵人，以便進行間諜活動，然後趁機潛進敵中活動。這是一種特殊做法的離間計。運用此計時，「自害」是真，「他害」是假，以真亂假。首先，要造成內部矛盾激化的假象，再假裝受而迫害，乘機直擊到敵人的「心臟」裡去進行活動。

用計要旨：「惻隱之心，人皆有之。」，苦肉計之所以成功，在於它違反了人性的常理，利用人們的同情心來博取信任，以獲得情報資料。採用逆向思考的路線，通過自身遭受到損失，來使對方深信不疑。照理來說，不論是傷害自己或傷害自己人，都不是一般人會做的事，而此計就是利用這點，看似違背常理的犧牲，才容易達到欺騙的目的。通過一些用常理無法解釋的作法來接近敵方，利用它的弱點，將它制服。不過，計策是否能用，除了演技逼真，還得端看對手的判斷力，若對手鐵石心腸或足智多謀、不易上當，那麼反而會弄巧成拙。

商戰活用：此計在推銷中運用，是為了贏得對方的好信任，這樣便於推銷活動的展開，運用「苦肉計」時，其實是不得已的，因為只有看似違背常理的自我犧牲，才容易達到欺騙對方的目的。而現代商場上的苦肉計施行，與古代兵法已有些差異，它不再是一種「肉體」上的傷害，而是有意攻擊自己產品的弱點，完善自己的產品，達到更廣闊、更牢固地占領市場之目的。

用計心法：本計運用在廣告宣傳上，即是不停地超越舊有的產品，以自己打自己的方式，來吸引消費者的注意。保持市場優勢是最有效的策之一，因為市場競爭是永無止境的，產品面貌更是日新月異的，如果沒有持續地創新優良產品，就無法在激烈的市場中占有一席之地了。

若用於企業管理上，掌握了欲取先予的道理。將自己的拿出來分給別人，表面上是「苦」了自己，實際上是贏得更多顧客的芳心，賺更多利潤。若「苦肉計」與「欲擒故縱」的混合運用，做出犧牲是為了獲取更多利益。

【歷史案例】：周瑜仗打黃蓋

「周瑜打黃蓋，一個願打一個願挨」，赤壁之戰，周瑜與黃蓋合謀使用「苦肉計」，取信曹操，使火攻之法得以成功。

諸葛亮草船借箭後，與周瑜協商攻曹營之事，兩人都認為火攻為最佳的作戰方式，但曹營的防備森嚴，要如何接近而點火又是一個難題。夜裡，黃蓋與周瑜會見，也提出火攻之法，周瑜對黃蓋說，他準備找人對曹操實行詐降，但要使曹操信之，該人必須受皮肉之苦。黃蓋當即表示，自己願意擔任詐降之人。

隔日，黃蓋在作戰會議上提出投降曹操的論調，當眾惹火了周瑜，周瑜勃然大怒欲立斬黃蓋。眾文武官聽之，紛紛為黃蓋說情，看著眾人面子，周瑜才下令改為重打一百棍，行列的部下剝去黃蓋的衣服，狠狠打下重杖，直到黃蓋皮開肉綻，一連昏死過幾回。周瑜與黃蓋導演的這場戲瞞過了所有官員，唯有黃蓋的密友闞澤去探視黃蓋時，黃蓋才如實說出內情，並且請闞澤前去曹營代獻降書。

闞澤的膽識過人且能言善辯，曹操一開始雖不太相信，然而，尚處狐疑之際，收到蔡和、蔡中的密信，這對兄弟前些日子才受曹操的派遣，至周瑜營中詐降，兩人遣人送來周瑜怒杖黃蓋的密報，曹操這才相信黃蓋是真的要投降。

等到曹操與黃蓋約定來降的當晚，夜裡黃蓋駕船靠近，曹軍並沒有阻撓黃蓋，卻突然見到黃蓋駕駛的船起火燃燒，快速衝進曹軍水寨中。曹操輕忽大意，誤信黃蓋，結果一把大火燒得曹軍大敗，損失慘重。

【現代案例】：行銷苦肉計

美國凱特皮納勒公司，是世界上著名的生產推土機和鏟車的大公司，該公司曾經打過一個這樣的「吹牛」廣告。他們鄭重地向顧客承諾：「凡是買了我們產品的人，不管在世界上哪個地方，只要需要更換零配件，我們保證在四十八小時內送到你們手裡。如果送不到，我們的產品就白送給你們。」

凱特皮納勒公司說到做到，有時為了把一個價值只有幾美元的零件按時送給偏遠客戶，不惜動用直升飛機，運費高達二千美元。有時他們無法在四十八小時內把零件送到客戶手中，就真的像廣告上說的一樣，把產品白白送給客戶。

在常人看來，這根本是種「傻瓜」的行為，但他們卻覺得能把信任的種子灑到用戶心理，這一切都值得了。這個「最牛」的售後服務，不僅打響了凱特皮納勒公司的名號，更讓他們鞏固與擴大產品的占有率！

凱特皮納勒公司有如此高的信譽與售後服務，它的生意還要擔心嗎？世界上製造推土機和鏟車的公司很多，卻是凱特皮納勒公司穩占鰲頭呢？這不外乎，是他們願意為顧客付出。

除了產品本身的優勢外，產品的附加價值也很重要。服務，就是最大的產品附加值。依靠產品附加值取勝，已是消費觀念變革的最活躍因素。

反觀國內某些企業、商場與商店，至今仍打出「貨物出門，概不退換」的標示，這無異是說：「我們只是要你口袋裡的錢，至於使用本產品的一切後果，則自行負責」。「貨物出門，概不退換」等於「自掘墳墓」，這是一種對顧客極端不負責任的心態和愚蠢做法。

第三節　苦肉計情境：關鍵、執行與練習

像古人那種「殺妻斷臂」的苦肉計，或像周瑜打黃蓋，現代人不敢用、不能用。

但可用其相似意涵，發揮創意，在現代商品行銷極為普遍。

只要到藥店或「全聯超市」走一回，就發現許多商品行銷用了苦肉計概念。無效退貨、不通免錢……筆者見過賣蜂蜜的苦肉計廣告，是「不純斬頭」，斬誰的頭？

有緣讀到本書，大約就是中小企業主，或小本生意商人，大家都為商品「出不去」頭痛。其實辦法很多，苦肉計可以試試，以下提供反思、練習，助你頓悟創意。

苦肉計要素及反思

——用計要旨：「惻隱之心，人皆有之。」

1. 關鍵要素：

- 對手的疑心阻礙你的成功。
- 你自殘⑴贏得對方信任，⑵避免構成威脅。
- 故意受制或高額擔保。
- 對手接受你，或放鬆警。
- 取得優勢後，以此為始攻擊對手。

2. 執行的問題：

- 誰是你的對手？（盡可能列舉）

- 你的目標是什麼？
- 對手怎樣、為什麼阻饒你？（針對確定的每個對手）
- 如果你威脅不大，他會停止阻饒你嗎？
- 你怎樣「自殘」以顯得威脅不大？
- 這種行為的結果是什麼？（本場遊戲和下一場遊戲）

3. 執行苦肉計的自主練習九宮格

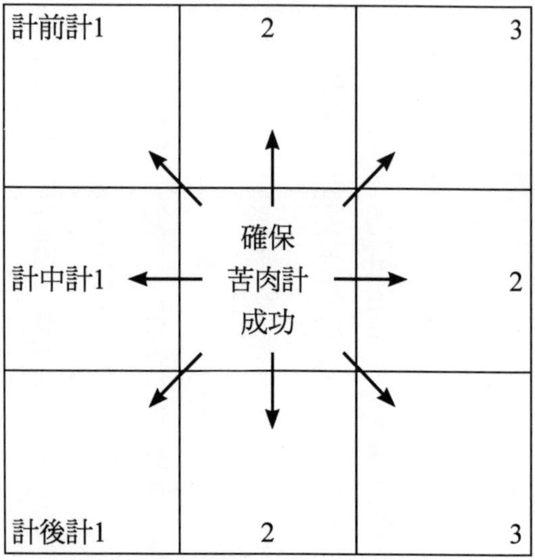

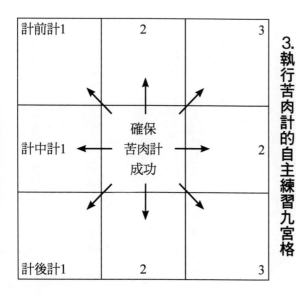

小結

(1)應用特性 常用於協調經銷商關係以及打壓競爭對手。

企業通常要做出利益的犧牲，以規避風險和謀求長期的利益。經銷商通常是關注利益以及現實回報的，遠期承諾很難奏效；遇到風險時，經銷商首先向上線或工廠轉嫁風險；一旦確定風險將要發生時，己方要能夠首先行動，包括捨小利，保大局；己方可以先付出一定的損失，迅速採取措施，抵抗風險，比如果斷調貨、先取本金、及時訴訟。

從營銷的角度來說，苦肉計可以解釋為吃小虧占大便宜。企業可以將自己的付出公示給經銷商，進而取得經銷商的信任。企業不能夠長時間讓合作夥伴付出而不到回報，這樣的合作是不能夠維持下去的，而且在行業內部，企業的名聲會越傳越差，合作夥伴也會越來越少。企業應該從長遠戰略發展考慮，不斷地團結一大批市場客戶，企業才能長久生存下去。

(2)市場基礎 產品的同類市場，銷量在上升，但本企業的綜合競爭條件不足。

(3)產品定位 定位於一流產品。

(4)營銷目標　提升產品的知名度，深度開發市場。

(5)準備措施　尋求與經銷合作的新模式，制定新的市場開發方案。

(6)措施實施　與經銷商研討並且實施更加細致的營銷方案。

【附　註】

註一　魏汝霖，《孫子今譯今譯》（台北：台灣商務印書館股份有限公司，民國七十六年四月，修訂三版），詳見〈用間篇第十三〉。

註二　李天道著編，《姜太公兵法》（台北：華文網股份有限公司，二〇〇五年新版）。

註三　陳福成，《中國政治思想新詮》（台北：時英出版社，二〇〇六年九月），頁五三九。

註四　陳福成，《第四波戰爭山鼻祖賓拉登》（台北：文史哲出版社，二〇二〇年四月，修增再版）。

註五　《中國歷代戰爭史》第二冊（台北：黎明文化事業股份有限公司，民國六十五年十月），頁五九。

註六　雷蕾，《千秋商祖——范蠡》（台北：信實文化行銷有限公司，二〇一一年九月）第二章第四節。

註七　明・余郡魚，《東周列國誌》（台北：大台北出版社，民國七十五年五月），第八十四回，頁六三七。

註八　同註五，頁六〇～六一。

第三十五章　連環計

世間一切人事物之所以形成「一個結果」，都是許多因緣和合而成。連環計的道理也一樣，通常一個戰役或某種大事業的成功，都不是僅靠一個計策可成，而是很多計策接連使用才成就大業。

歷史上最常被提到，以多種計策連環使用成就偉業如：秦統一中國、劉秀統一天下、赤壁之戰雙方成敗、俾斯麥統一德國、中國八年抗戰勝利等。凡此，必然是多種計策才能成功。

用於時空因素較單純的目標，此計有兩種理解：㈠使敵自累。當敵方兵多將廣，實力強大時，我方不須直接攻擊，先製造其內部矛盾，使其自累，分化之再各個擊破。㈡機巧貴連。以多個計策環環相扣，橫向相輔，縱向相貫，相得益彰。

第一節　范蠡與連環計

連環計基本操作時機模式

連環計不一定敗戰時用，面對強、弱諸種敵人（目標），都是使用時機。多計使用，一計累敵，一計攻敵，任何敵人都可攻無不克。此計關鍵在使敵「自累」，使敵人自己害自己，給我方創造殲敵機會。

用此計先找敵人內部矛盾，才能使其內部互鬥，這就成了敵人自己束縛自己，削弱了力量。施以多計連用，給予不斷打擊，如現代拳術中的「組合拳」，連續以各種不同的拳，痛擊對手，直到他倒下。

連環計擴大運用時機模式

連環計的使用，特別重視戰略規劃，在大戰略、國家戰略、軍事戰略、野戰戰略四個層次（註一），必須「上指導下、下支持上」。所規劃之各方案都形成系統，不可矛盾，方案確定後，環環相扣，不能失誤。

成功的連環計有縱向和橫向的連環之分，縱向是從時間按先後順序推，中了第一個「套」就難以脫身，必然陷入第二、三個套。俗言「上了賊船，身不由己」，正是此計所指。

橫向是從空間上講，多個計策同時發生作用。如常言道，一箭雙鵰、一石二鳥、一舉數得，正是此計意涵。從各種經驗觀察，任何作戰行動乃至一筆生意做成，都不是單一原因造成，而是因緣系統促成。這就是連環計最重要思維，用個現代術語可謂是「系統理論」謀略。

范蠡的連環計

總觀范蠡經營一生所有事業，興越滅吳、經商謀利、三散其財，及那些過程中所有碰到危機，處理危機的方法等。若以三十六計模式套入研究，針對單一計策套入單一事件，只是為研究方便，並使事件的因緣更清楚。而實際上，每個單一事件，都會和多個計策相關，范蠡一生事業與三十六計環環相扣。

瞞天過海，為所有之總計，各計有「瞞」義。

圍魏救趙，成功導吳軍北進中原，耗損其國力。
借刀殺人，借吳王夫差之刀殺掉伍子胥。
以逸待勞，范蠡本有的道家思想。
趁火打劫，趁吳國「火災」發動戰爭。
聲東擊西，滅吳，解決祖國（楚）之外患。
無中生有，對吳政策是無中生有的大騙局。
暗渡陳倉，與越滅吳是大戰略暗渡陳倉。
隔岸觀火，坐觀天下諸國「火」勢，冷靜以對。
笑裡藏刀，口裡喊哥哥，手裡摸傢伙。對吳。
李代桃僵，以小換大，成就陶朱公商業王國。
順手牽羊，善於順勢，政壇、商場兩得意。
打草驚蛇，風險管理，從政從商，全身而退。
借屍還魂，成就「布衣之極」的神話。
調虎離山，吳軍北進，吳都成空城。
欲擒故縱，玩死夫差，正是道家示弱無為的力量。

拋磚引玉，三致千金的經商大法。

擒賊擒王，圍困吳軍，迫夫差自殺。

釜底抽薪，善於從根本解決問題，無不克服。

渾水摸魚，「混兮其若濁」，道家天生的基因。

金蟬脫殼，「假相越國」和「真相越國」大導演者。

關門捉賊，對吳國進行「C形包圍」。

遠交近攻，從政、從商，都只針對一個主目標。

假道伐虢，與天、地、人結盟，內聖外王。

偷樑換柱，光天化日下換了吳越兩國的樑柱。

指桑罵槐，警示句踐和文種。

假癡不癲，韜晦之學，自我行銷，布衣之極。

上屋抽梯，三徙三次抽自己的梯，成就大業。

樹上開花，在「天勢、地勢、人勢」之樹上，開政商燦爛之花。

反客為主，主客合一、天人合一。

美人計，西施挑重任，以佚其志，以弱其體。

空城計，虛實有無辯證，有無一體、虛實合一。
反間計，五間俱起，莫知其道，是謂神紀。
苦肉計，吃苦當吃補，自吳脫身，終成大業。
連環計，系統理論謀略，萬無一失。
走為上計，三徙是三次走為上計。
這是范蠡以「道商始祖」之崇高地位，其一生行誼大業與三十六計的連環。正是〈中國道商賦〉曰：「道商者，商之大也！道為神，商為形；道為體，商為用……神而化之，傳之無窮，道商合一，利物益生矣。」（註二）他神而化之，內聖外王，超越「第五級領導」，世間誰能爭得過他！

第二節　連環計之理論、詮釋與舉例說明

敗戰計

第三十五計：連環計

【原　文】

將多兵眾，不可以敵，使其自累，以殺其勢。在師中吉，承天寵也。

【按　語】

龐統使曹操戰船勾連，而後縱火焚之，使不得脫。則連環計者，其法在使敵自累，而後圖之。蓋一計累敵，一計攻敵，兩計扣用，以摧強勢也。如宋畢再遇嘗引敵與戰，且前且卻，至於數四。視日已晚，乃以香料煮黑豆，布地上。復前搏戰，佯敗北。敵乘勝追逐，其馬已饑，聞豆香，乃就食，鞭之不前。遇率師反攻，遂大勝。皆連環計之計也。

【注　解】

殺：減弱的意思。在師中吉，承天寵也：師，即「中軍」。承，受之意，寵，愛也。此語出自《易經・師》卦。本卦九二・《彖》辭：「在師中吉，承天寵也。」意思是：軍中的主帥英明正確，就如天神救助一樣。

【譯　文】

若敵軍兵力強大，不可與之硬戰，應當運用計謀，使敵人自相牽制，從而削弱他們的力量。《易經・師》：「將帥如能巧妙用計，克敵就像有天神相助一般。」

按：龐統詐降曹操，慫恿曹操把戰船用鐵鎖勾連起來，便於用火焚燒，使船隻逃脫不得。可見連環計就是要先讓人自相鉗制，行動遲滯，然後再用計謀攻打的策略。前一計（累計）和後一計（攻敵）結合連用，必能摧毀強敵。例如：宋代畢再遇，在戰爭中常設計拖住敵人。他忽而在前，忽而在後，就這樣三番五次拖住敵人。至天色昏暗時，他把預先用香料煮好的黑豆撒在陣地上，又往前挑戰，一會兒，故意敗退。敵人乘勝追擊，但是，他們的戰馬已經飢餓了，嗅到了豆子的香味，就都停下來吃豆子。任你鞭子抽打，牠就是不肯前進。這時再遇展開兵力，猛撲敵人，因而大獲全勝。這也是連環計的運用。

【出處】

此計見於《三國演義》第八回標題：「王司徒巧使連環計」，又見第四十七回標題：「龐統巧授連環計」。連環計之名，取之於元人無名氏雜劇《錦雲堂美女連環記》，簡稱《連環計》。內容描述東漢末年，董卓在朝中弄權，司徒王允為除掉董卓，就利用美女貂蟬，離間呂布與董卓的關係，從而藉呂布之手殺死了董卓。

【成功關鍵因素】

用計要旨：「連環計」是多計並用，計計相連、環環相扣，一計累敵，一計攻敵，如此一來，任何強敵都能無攻不破。此計關鍵在於，要使敵人「自累」，就是自己害自己，使其行動盲目，如此可為圍殲的敵人，創造了良好的條件。

「連環計」的關鍵在於先「累敵」而「攻敵」，引發敵人內部的矛盾，讓他們互相扯後腿，當敵人精神耗弱，行動能力受到牽制後，再施以攻擊，終能制伏敵人。而連環計是由許多方案和步驟組成的系統策略，方案在實施之前都可選擇。一旦確定後，其中的每一步驟是環環相扣的，哪一步出了問題，都可能影響到全局的勝負，因此，有些連環計並無一定能施行成功。

用計心法：此計的目的，不在漂亮的打一場勝仗，而是先封鎖敵人的行動，再置之於死地。通常是先讓敵人精神耗弱，接著動攻擊，如此連續使用兩計以上，削減敵人的戰力，再加以滅除，即為本計要點所在。

商戰應用：在推銷行業裡，運用此計的關鍵，就是要對方「自累」，可互相牽制，當行動不便的時候，殲滅對方也較容易。優秀的領導者都善於使用計謀，當兩方相戰，孰成孰敗，就看誰計高一籌了。然而僅施行一計，容易被經驗豐富的對手識破，若能一計套一計，多計並用，使其環環相扣，勝算就大得多。「連環計」便是同時或連續使出多條計謀，讓敵人掙脫一計，緊接著又中另外一計，只要能依情勢的改變相應出計，對方便會防不勝防。現代商戰上日趨激烈複雜，若單單使用一種計謀難以見得成效，合理靈活地運用「連環計」，則是戰勝強敵的有效方法。

【歷史案例】：周瑜連環三計敗曹操

三國時期，吳蜀聯軍與曹軍決戰赤壁時，周瑜巧施連環計，先是利用蔣幹盜書施展「反間計」，讓黃蓋演「苦肉計」詐降，且讓龐統向曹操獻鎖船之計，計計相扣，曹軍大敗而逃。

首先，周瑜利用故交蔣幹到訪遊說之際，故意讓他偷了假書信，以為曹營水軍都督蔡瑁、張允二人與周瑜勾結，傳達假消息回曹營，讓曹操誤殺了蔡瑁、張允。

接著，周瑜與黃蓋研擬火攻曹軍的計畫，兩人導演了一場「苦肉計」。黃蓋刻意在作戰會議上與周瑜起衝突，周瑜在眾文武官面前，命人把黃蓋打得皮開肉綻，黃蓋藉機派人送信給曹操，大罵周瑜，並表示將找機會前來降曹。曹操半信半疑，於是派出蔣幹再探虛實。

當蔣幹第二次造訪周瑜時，周瑜見了他破口大罵，直說他壞了東吳大事，便把他軟禁起來。蔣幹閒來無事，一日閒晃時見一茅屋，發現內有一名隱士，詢問之下，知道此人是名士龐統。龐統表示，周瑜自負，容不下有才能之士，所以他才隱居起來，蔣幹一聽，誇耀曹操愛惜人才，勸他不如投奔曹操，龐統應允，於是兩人悄悄返回曹營。

曹操與龐統見面，言談後十分欣賞，便請龐統提供意見，如何解決北方士兵不諳水戰、在風浪中顛簸的弱點。龐統建議將船連鎖起來，使船平穩不搖晃，作戰便能如同在陸地上。曹操果然依計行事，士兵們也感到滿意。殊不知，龐統早與周瑜密謀，蔣幹「碰巧」遇上龐統，龐統投奔曹操，這一切安排就為了獻上這個鎖船之計。

到了黃蓋約定詐降的那夜，黃蓋暗中在船隻上滿載引火物資，用帆布藏得嚴密，然後飛速過江詐降。曹營官兵見是黃蓋的船隻，便不防備，就在他們的船開近時，黃蓋的船忽然燃起大火，直撲曹營而去，在風勢助力下，曹營的大船一齊著火。由於曹操聽從龐統建議，讓船一個連著一個，面對火勢來不及分開，遂愈燒愈旺，同時，周瑜率兵攻進曹營，曹軍死傷無數。周瑜的連環三計，打得曹操一敗塗地。

【現代案例】：征服中國戰略《田中奏摺》的失敗

《田中奏摺》是日本首相田中義一於一九二七年七月二十五日，向日本天皇上奏關於征服中國戰略計畫的奏摺。

奏摺中貫徹「明治天皇遺策」，內文提到侵略中國的三步驟：首先征服臺灣，次為併吞朝鮮，最後企圖征服滿蒙族及全中國。基於這立足點又再加強說明：在中國的吉林和蒙古，再次與蘇聯決戰，同時提出「遲早須與美國交戰」。奏摺中提出戰場準備、兵力部署和作戰保障等方面的多項具體建議。這是田中義一向日本天皇上呈的秘密奏摺，當中提出的侵略計劃「滿蒙積極政策」，就是闡述侵略中國的策略方針，後來被偽稱為《田中奏摺》。策略中日本的「新大陸政策」之總戰略是：「欲征服支那（指中國），必先征服滿蒙；欲征服世界，必先征服支那。」主要拿下中國的原因是，得到中國後，就可以獲取中國龐大的資源，進而可征服印度、南洋諸島、中小亞細亞以至於歐洲之國域。」因為大和民族要在亞洲大陸一展身手，掌握滿蒙之權利是主要的關鍵。

後來，日本於一九三一年發動的「九一八事變」侵佔中國東北三省，到一九三七年發動全面侵華戰爭，再到一九四一年偷襲美國珍珠港發動太平洋戰等事件來看，當時的日本軍國主義者，大致都是按照「奏摺」上的構想行事的。他們對侵略擴張的每一場爭戰，皆進行了精密的策劃。就如襲擊珍珠港，每一步戰略都是經過慎密策劃的，各步驟緊密連接、環環相扣，才能取得成功。

這項連環計策略，是由許夕方案和步驟相扣的。重要的是，它們欲達成之目的和後續的行為都是非正義的行動，日本軍國主義侵略擴張的反動本質，及其戰略指導上的錯誤，在最終都告以失敗之途作為結束。

第三節　連環計情境：關鍵、執行與練習

我相信就算在台北街頭賣包子的小販，他心中對現況和未來的路，大概也不會只有一個方案，總有備案。對於更大的事業，乃至國家民族興亡大業，更不知要多少計策的連環，才能成為一方之霸。

《田中奏摺》是一種不可能實現的計策。但筆者要警告所有中國人，田中不是第一個要消滅中國的人，四百年前豐臣秀吉和織田信良已進行亡華之戰，並將亡華定為大和民族之天命。筆者乃著書立說，宣揚中國人之天命，要在本世紀內以核武消滅倭國，收該列島為中國扶桑省。（註三）是中國人的天命，也是中華民族的天命！三十六計是中國人的智慧，何愁天命不成？

連環計要素及反思

——使敵人自我損耗的計謀

1. 關鍵要素：

- 與其執行一計謀，不如執行多個計謀（同時或連續）。
- 一計謀不夠，用下一個；若還無效，繼續用後面的計謀。
- 對手最終會被制服，或者陷困境，然後垮台。
- 計前計，計中計與計後計安排。

2. 執行的問題：

- 上述計謀中，哪條你最欣賞（比如，哪個最小的努力，取得了最大的衝擊）？
- 你準備組合哪些計謀？你能輕而易舉同時發動哪些計謀？
- 哪些計謀是毫不相關但又同時發動的？
- 你能組合什麼計謀，來創建新的計謀？
- 它們給你提供了什麼新的佈署或選擇？

3.執行連環計的自主練習九宮格

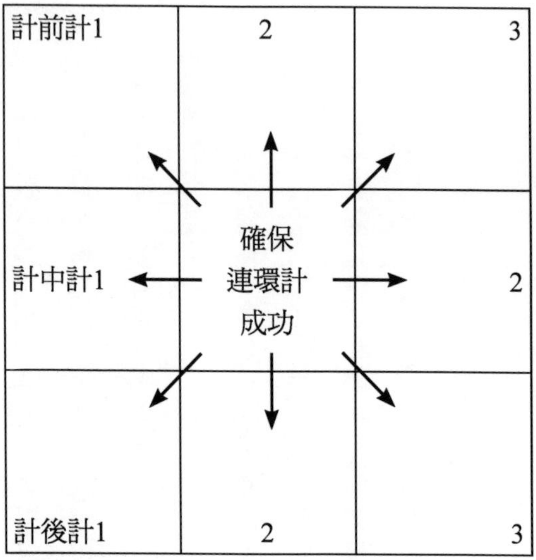

小結

(1)應用特性　常用於開發目標市場，是持續性的開發行為。

計謀通常都是連續性的謀劃和執行才更加有效；市場上的競爭對己方也提供了發

展的機會；選定經銷商是一個過程，可以通過他們之間的競爭考核其綜合實力，通過營銷策劃，開始鼓勵經銷商開展競爭；為合作伙伴選擇一個競爭對手，並且支持這個競爭對手，讓經銷商無瑕反擊與背叛。

從營銷的角度來說，計謀不是簡單的應急措施，而是戰略發展中一環接一環的各種謀略的組合和持續實施。將謀略與戰略發展結合起來，謀略可以發揮其最大的優勢，副作用和風險也將被控制在最小的範圍內，達到謀略實施的最高境界。

(2)市場基礎 本企業最有發展潛力的市場。

(3)產品定位 名牌產品。

(4)營銷目標 實施戰略發展計劃，創立名牌企業。

(5)準備措施 製定長期市場開發計劃，將市場開發分成為若干階段，分別製定階段性實施方案。

(6)措施實施 按階段實施方案。

【附　註】

註一　陳福成，《國家安全與戰略關係》（台北：時英出版社，二〇〇〇年三月），第五章第一節。

註二　范聖剛、范揚松，《商戰春秋陶朱公》（台北：聯合百科電子出版有限公司，二〇一九年十二月十五日），附錄一，頁一七〇～一七一。

註三　陳福成，《日本問題終極處理——廿一世紀中國人的天命與扶桑省建設要綱》（台北：文史哲出版社，二〇一三年七月）。

第三十六章　走為上計

軍事作戰的「走」，《吳起兵法》明白而簡易的說，「戰勝勿追，不勝疾歸」「不勝速走……退還務速」。（註一）打不勝的仗拖下去浪費時間、兵力和資源，更可能被消滅，進而陷大局於不利。

計策上廣義的「走」約有三含義：㈠以退為進。面對絕對優勢的敵人，我方無力與戰，也無力固守，最好的辦法就是有組織的「走」。現代軍事術語叫退卻或轉進，以圖東山再起。㈡知難而退，盲目蠻幹更不利。㈢急流勇退，范蠡是活生生的範例。

轉進和退卻是兵法上兩種不一樣能「走的安全」的方式。「轉進係以任務為基礎，為遂行新企圖而迅速脫離戰鬥與遠離敵人的行動。」（註二）必須轉進的原因（目的）有五：㈠轉用兵力於其他方面；㈡避免不利作戰，保持行動自由；㈢創造有利態勢；㈣配合友軍行動；㈤縮短補給線。

退卻在使已脫離戰鬥或尚未與敵接觸之部隊，遠離敵人，避免不利狀況下作戰，或轉用兵力於所望方面。退卻通常夜間行之為有利。

第一節　范蠡與走為上計

走為上計基本操作時機模式

當面對強大敵人的時候，整個軍隊要設法避退，不與之正面交鋒，才能保存戰力。這種撤退（走），主要是先讓主力脫離險境，轉進到安全的地方，找尋有利時機，相機再起，改面戰局。

當敗象已顯現時，或已無力抵抗，大概只剩三個選項：投降、媾和或撤退，第四選項是死戰被全殲。其中投降是徹底失敗（范蠡例外），媾和是失敗一半，而撤退則稱不上失敗。鄭成功和蔣介石的退守台灣，是典型的「走為上計」，他們失敗了嗎？

走為上計擴大運用時機模式

通常走計都是不得已，本身處於劣勢條件下保全自己以求東山再起，這是一種奮鬥意志和藝術，難度不低於攻守之戰。因為走總在極不利狀況，如傷亡慘重、士氣低落等，要全軍「走」的安全很困難。

但「善敗不亂、善敗不亡」，是對「走」的期許。這表示勝敗兵家之常事，敗亦不可恥，如項羽打了敗仗，就覺得「無顏見江東父老」，自刎烏江，在兵法上是不可取的。若項羽採「走為上計」，後局可能不一樣！

人生短短幾十年，要面對各種戰場（商場、情場、學場……），不可能百戰全勝，敗一次就自殺不行。要有「善敗」的智慧，走為上計，必能找到自己的天空。

范蠡的走為上計

范蠡三徙就是三次走為上計。他的第一次走，從楚奔越，不走不行，情況如同孔明，不走就一輩子在鄉下種田。所以，第一次走也是「出山」，出山才有機會創立霸業，若無此次出走，中國商聖、財神，應該不是他！

他的三徙，在齊國發現「不祥」，毅然放棄「鴟夷子皮公司」的經營，走到陶開「陶朱公」新天地。若無此次出走，則「三致又三散千金」的人，不是他，「道商始祖」也不是他！但最凶險是第二次走，離開句踐，遠走齊國，改名換姓經商。晚走一步，必死於句踐刀下，本文主述范蠡二徙必走的原因，從以下六點分析。（註三）

第一、范蠡智慧比句踐高。范蠡如同他的老師計然，天文地理、政治經濟，皆無所不同；進而超越老師，兵法韜略、醫學、占卜，無所不精。句踐面對這種人才，非常時期好用，承平時期哪能放心。

第二、范蠡思維比句踐深刻多算。別的不說，光是設計句踐嘗夫差糞便一事，直到後來當了「五霸」之一，仍心有餘悸，留他在身邊，越想越不放心。

第三、范蠡心腸比句踐狠。亡國之君已成定局的夫差，幾回句踐要饒了他，留他一命。但范蠡堅持不許，夫差被迫自殺身死國亡。范蠡的「反客為主」，權力凌駕自己之上，句踐怕怕！

第四、范蠡耐度比句踐強。很多方面都可看出，句踐耐不住性子要伐吳，多次被范蠡勸阻。苑蠡一出手便是「十年生聚、十年教訓」的大戰略計劃，句踐差太遠！

第五、范蠡名聲比句踐亮。范蠡在當時國際聲望很高，伍子胥稱他聖臣、智臣，而句踐只有恥辱，哪能容得下身旁有個「聖」級臣子？

第六、范蠡正當中年，有活力、有企圖、有野心、有能力、有才華、有本錢。句踐曾說要和他平分天下，若他真要，這可怎麼辦？

范蠡所看到的風險，不止於「狡兔死，走狗烹，敵國滅，謀臣亡」的層面。還有更深更廣，三十六計走為上策，走在危機風險之前，遠離險境。

第二節 走為上計之理論、詮釋與舉例說明

敗戰計

第三十六計：走為上計

【原 文】

全師避敵。左次無咎，未失常也。

【按 語】

敵勢全勝，我不能戰，則：必降；必和；必走。降則全敗，和則半敗，走則未

敗。未敗者，勝之轉機也。如宋畢再遇與金人對壘，度金兵至者日眾，難與爭鋒。一夕拔營去，留旗幟於營。遇縛生羊懸之。置其前二足於鼓上，羊不堪倒懸，則足擊鼓有聲。金人不覺為空營。相持數日，乃覺欲追之，則已遠矣。（《戰略考・南宋》）可謂善走者矣！

【注　解】

全師避敵：全師，師，古代兵制，二千五百人為師。這裡作為軍隊的意思。避敵，字面意思很清楚，避開敵人之意。左次無咎，未失常也：此語出自《易經・師》卦。本卦九二・《彖》辭：「在師中吉，承天寵也。」是說主帥身在軍中指揮，吉利，因為得到上天的寵愛。

【譯　文】

在不利的情勢下，全軍撤退，避開強大的敵人以退為進，待機破敵，這樣並不違反用兵的原則。

按：敵方兵力占絕對優勢，我方不能戰勝它，只有投降、媾和和退卻等三條路：投降，是徹底失敗；媾和，是一半失敗；退卻，不是失敗，而是轉敗為勝的關鍵。例如：宋代畢再遇和金人守壘對抗，因為金兵強大，宋營兵少，他便在一個夜裡，將隊伍全部撤走，只留下旗幟在陣地上，把羊倒吊起來，前面兩隻腿放在鼓上，羊被吊得難受，放在鼓上的兩條腿就不停地亂動，於是鼓敲得「咚咚」直響。金人日夜聽到鼓聲，沒有疑心，不知道畢再遇早已撤走了。等過了幾天後，金人才發現，但是畢再遇已經離開得很遠了。應該說：這是善於退卻的戰例。

【出 處】

此計出自《南齊書・王敬則傳》：「東昏侯見征虜亭失火，謂敬則至，急裝欲走。有告敬則者，敬則曰：『檀公三十六策，走為上計。汝父子唯應急走耳。』」意思為，南朝大將壇道濟用兵如神，變化莫測，而最高的一招是善於退避，保存本軍的實力。

【成功關鍵因素】

用計要旨：此計原指事情發展到無可奈何的地步，別無良策，只能出走。在軍事上，此計是指在敵強我弱；我方無法取勝的情況下，採取有計劃的主動撤退，避開強敵，尋找戰機，以退為進。這在謀略中也應屬上策。「走」是最低的姿勢，卻是最高三戰法。一般而言，走是最後之計，非萬不得已的，但卻為最高的謀略計策。

計謀意義：「走為上」的「走」和我們現在所說的走，含義大不同。古人所說的「走」，是相當於今天我們說的「跑」。東漢劉熙撰《釋名‧釋姿容》中說：「徐行（慢走）曰步，疾行（快走）加趨，疾趨（快跑）曰走。」而古代軍事學中的「走」，一般指的是「逃跑、退卻」。「走為上」是三十六計中的最後一計，原作者以此為三十六計之總結，其實是頗具深意的。此因在戰場上，勝敗乃兵家常事，就算是常勝軍，也必然嚐有失敗的經歷。「走為上」，即說明了在必要的時候，逃走反而是最高明的作法。它可免去遭人活捉，而束手待斃的慘境。在中國兵法書上亦述及，根本沒有衝過去與敵人同歸於盡的戰術，基本上都認為，沒有勝算就不宜交戰。

計策分析：本計通常是用在敵我實力懸殊的情形下，有計畫的撤退。「走」不代表失敗，俗話說「留得青山在，不怕沒柴燒」，出走是為了保存實力，等待機會破敵。該走時，就須當機立斷。但「走」絕不是盲目或消極的逃亡，什麼時候走？如何走？必須隨機應變。有大謀者懂得「以退為進」、「知難而退」，若明知沒有勝算，卻執意對抗者，乃為「匹夫之勇」。此外，若一個人在得意之際及時隱退，得以避開禍端或保存名節，可見他深諳「急流勇退」的道理。因此，「走為上計」若能運用得宜，不僅可以避開對方的攻擊，也可保存戰力，作為下場戰爭的準備，仍然有反敗為勝的希望與機會。

商戰用計：現代商場中的「走為上」策，不再單指軍事上於戰爭中逃跑的意義。在商戰林立的社會中，「走為上策」之計，是一種積極開拓進取的精神，以退為進，退一步是進兩步。當敵人具絕對優勢時，我方勢必戰得遍體鱗傷，而固守不會有所得，最好的辦法是「走」，有目的地撤退，尋找在其他方面有東山再起的機會。今日的退卻，是為了明日更快速有力量的前進。

在商戰中要量力而為，審時度勢，適時改變經營方向及策略。若是要勉強固，往往會得不償失。許多成功的企業家，都有「人有我多，人多我新，人新我轉。」的想法，這裡的「轉」要看時機，故隨時注意市場變動，為自己到新的出路，是重要的關鍵。

用於經營時，可另有其他引伸想法：

一、經營過程中，如果競爭對手實力過於強大，不妨放棄與之競爭，改行他途以求生存。這並非是弱軟的表現，而是為了積存實力，以求再戰表現。

二、在變化多端的市場環境中，不能將所有賭注寄託在同項產品上，將所有雞蛋放在同一個籃子裡。應該要不斷創新與更換、不斷更新產品，以適應不斷變化的市場需求。即謂「人無我有，人有我優，人優我廉，人廉我轉」的經營方針，通過不斷推出新產品和經營策略來占領市場，如此可立商場上於不敗之地。

【歷史案例】：城濮之戰　齊文公退避三舍

春秋時期，楚國與齊國爭奪中原霸主之地位，「城濮之戰」是場具關鍵意義的戰局。當時，楚國實力強盛，楚將子玉率兵攻晉，楚國並同時脅迫陳、蔡、鄭、許四國出兵，配合楚軍作戰。

楚軍來勢洶洶，晉國軍力不敵，晉文公對這場戰役沒有把握，因此決定暫時後退，他對外稱說：「當年我被迫逃亡，楚國先君對我以禮相待，我曾與他有約，若將來迫不得已兩國必須交兵，我定先退避三舍。」於是齊文公撤退九十里，至晉國邊界城濮，此地臨黃河、靠太行山，對於禦敵有良好條件。

子玉率兵追至城濮，將部隊人馬分成左、中、右三路進攻，命令左右軍先進，中軍繼之。右軍前頭為陳、蔡士兵，因他們本是被脅迫而來，根本沒有鬥志，當右軍直撲晉軍，晉軍卻忽然撤退，右軍以為晉軍懼怕，就緊追不捨，忽然卻殺出一支軍隊，駕車的馬皆蒙上老虎皮，右軍的戰馬頓時嚇得亂蹦亂跳，結果右軍大敗。

晉文公派士兵假扮為陳、蔡士兵，向子玉報捷，並讓晉軍在馬後綁上樹枝，來回奔跑，故意弄得煙塵四起，子玉看到齊軍後方煙塵滿天，以為晉軍不堪一擊，急命左軍前進。晉軍故意打著帥旗，往後撤退，楚左軍同樣陷於圈套，遭到殲滅。等子玉率中軍趕到，晉軍已把子玉團團圍住，子玉這才發現，自己陷入重圍。

晉文公幾次撤退，都是為了製造抗敵的良機，楚國在這次戰役中傷亡慘重，喪失強勢，齊文公則反成霸主。

【現代案例】：松下幸之助的撤退哲學

以優秀的經營管理才能而舉世聞名的松下幸之助，一生經驗豐富，被稱做日本商界的「經營之神」。他曾做過不少為人稱道的決策，其中一次的「撤退」行為，乃將「走為上」的謀略運用自如。

松下通信工業公司在前些年突然宣布不再生產大型電子電腦，消息一出，大家不禁感到震驚與困惑，因為松下在過去五年來，投下十億多的巨資去研究開發，眼看將至最後階段，松下卻突然全盤放棄。然而，松下幸之助其實是經過深思熟慮而作出此決定的。

依當初的市場情勢來看，西門子，ＲＣＡ這類的世界性公司也都陸續退出大型電腦的生產，在美國則是由ＩＢＭ獨占市場，而日本則同時有日立、富士通等七家公司搶灘，大家都投資龐大的時間與資金，可說是賭上了公司的命運。有鑒於當時大型電腦市場的競爭劇烈，松下幸之助認為，若稍有差池，將對公司產生嚴重的不利影響，因此，不如趁著事情尚有轉圜餘地的情況下退出，才是明智的選擇。

事後證明，許多公司在大型電腦領域中元氣大傷，有些甚至就此消退，可見，松下幸之助當初的決斷正確，其眼光果然高人一等。

評論：不論是軍事征戰或商場爭鋒，交戰時，「撤退」實為一門難題，若無法抓緊時機，其遭受的傷害甚至會致命。

松下幸之助當年斷然從大型電腦的生產領域撤退，便是經過一番利弊之權衡所選擇的行動。身為領導者，松下幸之助的一個決定，讓多年來無數人的心血瞬間付之一炬，在當時，他的做法不被認同。但是，時間證明了他的眼光無誤，在重大的災厄發生前，他已及時避開，讓公司不至於慘賠。

第三節　走為上計情境：關鍵、執行與練習

在現代社會走為上計應該更為普遍，因為民主社會是一種「極不安全」的社會。當你感受到：不好的老闆、幹壞事的公司行號、不安全的環境、不對的人、有風險的

感情……別留戀，別委屈自己，走為上計，追尋自己所要，大膽去追尋！人生就這一回！

何時該走為上計？也該你會思考到許多因素！對或錯。以下再經由幾項反思練習，你定能找出更好的答案，「走」自己人生最想要的路子。

走為上策要素及反思

——一種「以退為進」的計謀。

1. 關鍵要素：

- 盤點所剩資源、條件。
- 你面對強敵持續攻擊。
- 你撤退或轉進他方。
- 你在其他地方或其他時間顯示實力。
- 等待對方強轉弱，實轉虛。

2. 執行的問題：

- 描述一下撤退對你意味著什麼？
- 你要保全的開會資源、實力是什麼？

- 什麼資源（比如，錢、管理時間）能免除撤退？
- 你用那些資源還能幹什麼？
- 你下個階段性任務為何？
- 那樣做的結果是什麼？實力保存？

3. 執行走為上策的自主練習九宮格

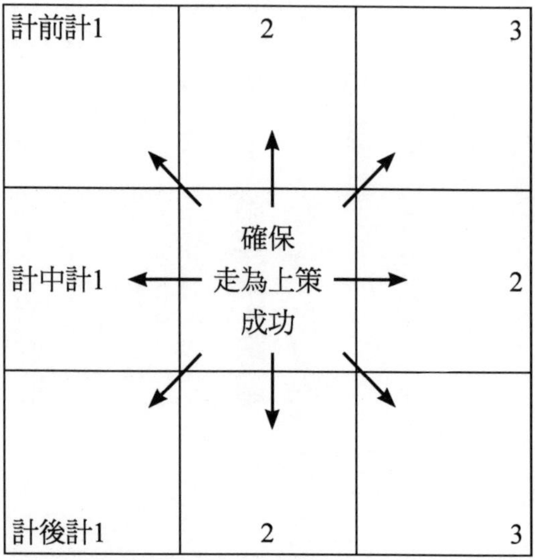

小結

(1)應用特性　常用於產品撤出市場或營銷目標轉移。撤出市場也是競爭的需要；撤出市場是為再一次進入市場做準備，比如許多企業在轉行之前，都做好了再進入的準備。撤出市場必須降低損失，撤出市場也是需要營銷計謀的。

從營銷的角度來說，企業無法在全部市場上都具有競爭的優勢，即使過程有競爭優勢，也不代表現在有優勢，現在有優勢也不代表將來有優勢，在甲市場有優勢，也不代表在乙市場有優勢。營銷的特點就是規避企業競爭劣勢，發揮自己的優勢，並且積極整合市場資源來幫助自己銷售產品。當企業在市場的投入與聲出不能成為正比時，企業應該考慮退出市場，或者採取保留性銷售，待企業競爭條件具備或者市場發育成熟時重新進入市場。

(2)市場基礎　企業在該市場的競爭條件不具備，市場發育不成熟。

(3)產品定位　產品定位需要調整。

(4)營銷目標　為將來市場開發做好基礎準備。

(5)準備措施　擬定轉換市場的營銷策劃。

(6)措施實施　鼓勵經銷商買斷產品，組織力量控制貨權，抓緊貨款回收，選擇保留性銷售的市場和經銷商。

【附　註】

註一　李天道編著，《吳起兵法》（台北：華文網股份有限公司，二〇〇五年新版），詳見〈應變篇〉。

註二　國防部，《陸軍作戰要綱——聯合兵種指揮釋要（下冊）》（台北：陸軍總司令部，民國八十年六月三十日），第六章，第一、三節。

註三　李海波，《道商范蠡：陶朱公興國富家的人生智慧》（北京：化學工業出版社，二〇一七年元月），頁二八九。

參考書目

1.李天道編著，《姜太公兵法》（台北：華文網股份有限公司，二〇〇五年新版）。

2.東方羽，《鬼谷子：中國第一詐書》（台北：海鴿文化出版圖書有限公司，二〇〇四年八月）。

3.魏汝霖註釋，《孫子今註今譯》（台北：台灣商務印書館股份有限公司，民國七十六年四月，修訂三版）。

4.李天道編著，《吳起兵法》（台北：華文網股份有限公司，二〇〇五年，新版）。

5.《諸葛兵法》（台北：南京出版公司，民國六十七年三月）。

6.孫一之譯著，《武經七書》（台北：星光出版社，民國六十五年十二月二十五日）。

7. 漢・司馬遷，《史記》（台北：宏業書局有限公司，民國七十九年十月十五日）。
8. 漢・袁康、吳平，《越絕書》（台北：世界書局，民國五十一年十一月），今人楊家駱主編。
9. 明、余邵魚，《東周列國誌》（台北：大台北出版社，民國七十五年五月）。
10. 《韓非子讀本》（台北：大方出版社，民國六十四年元月）。
11. 陳福成，《孫子實戰經驗研究》（台北：黎明文化事業股份有限公司，二〇〇三年七月）。
12. 陳福成，《國家安全與戰略關係》（台北：時英出版社，二〇〇〇年三月）。
13. 陳福成，《中國政治思想新詮》（台北：時英出版社，二〇〇六年九月）。
14. 陳福成，《大兵法家范蠡研究》（台北：文史哲出版社，二〇一八年二月，增訂再版）。
15. 陳福成，《第四波戰爭開山鼻祖賓拉登》（台北：文史哲出版社，二〇一一年七月）。
16. 陳福成，《日本問題的終極處理——廿一世紀中國人之天命與扶桑省建設要綱》（台北：文史哲出版社，二〇二〇年四月，增訂再版）。

17. 陳福成，《嚴謹與浪漫之間——范揚松生涯轉折與文學風華》（台北：文史哲出版社，二〇一三年三月）。
18. 范聖剛、范揚松，《商戰春秋陶朱公》（台北：聯合百科電子出版有限公司，二〇一九年十二月十五日）。
19. 黃驗主編，《三十六計快易通》（台北：實學社出版股份有限公司，二〇〇〇年九月十五日）。
20. 于汝波，《三十六計的智慧》（台北：大地出版社，二〇〇六年九月）。
21. 《鬥智——三十六計》（台北：星光出版社，民國六十五年六月）。
22. 張弓主編，《圖解三十六計》（台中：好讀出版有限公司，二〇一四年十月十五日，二版）。
23. 崔文良、于桂華，《三十六計智謀大全》（台北：六統文化事業有限公司，二〇〇五年七月）。
24. 齊義農主編，《三十六計》，（上、中、下三冊）（蘭州：甘肅文化出版社，二〇〇三年七月）。
25. 野島剛著，蘆荻譯，《最後的帝國軍人：蔣介石與白團》（台北：聯經出版事業股份有限公司，二〇一五年元月）。
26. 金・麥考瑞（Kim MacQuarrie），馮璇譯，《印加帝國的末日》（台北：自由之丘文創事業／遠足文化事業股份有限公司，二〇一八年十月）。
27. 慧明編著，《觀世音菩薩》（台北：海鴿文化出版圖書有限公司，二〇一五年二月一日）。
28. 《陸軍作戰要綱——聯合兵種指揮釋要》（下冊）（台北：陸軍總司令部，民國八十年六月三十日）。
29. 雷蕾，《千秋商祖——范蠡》（台北：信實文化行銷有限公司，二〇一一年九月）。
30. 李海波，《道商范蠡——陶朱公興國富家的人生智慧》（北京：化學工業出版社，二〇一七年八月）。
31. 張其昀主編，《吳楚越興亡史》（中國五千年史第三冊）（台北：中國文化研究所，民國五十一年四月）。
32. 載月芳編，《中國全記錄》（台北：錦繡出版社，民國七十九年七月）。
33. 《中國歷代戰爭史》第二冊（台北：黎明文化事業股份有限公司，民國六十五年十月）。

34.洪淑苓，〈美人計的敘事模式與性別政治——從西施故事談起〉，《婦女與兩性學刊》第八期（台北：台大人口研究中心婦女研究室，一九九七年四月），頁一五一～一六七。

35.徐培根、魏汝霖，《孫臏兵法註釋》（台北：國防部，民國六十四年十二月）。

36.戴旭，《C型包圍：內憂外患下的中國突圍》（北京：長江文藝出版社，二〇一七年十二月一日）。

37.《雲五社會科學大辭典》，第三冊《政治學》（台北：台灣商務印書館股份有限公司，民國七十八年元月，第八版）。

38.楊穎詩，《老子義理疏解》（台北：文史哲出版社，二〇一七年八月）。

陳福成著作全編總目

壹、兩岸關係

①決戰閏八月
②防衛大台灣
③解開兩岸十大弔詭
④大陸政策與兩岸關係

貳、國家安全

⑤國家安全與情治機關的弔詭
⑥國家安全與戰略關係
⑦國家安全論壇。

參、中國學四部曲

⑧中國歷代戰爭新詮
⑨中國近代黨派發展研究新詮
⑩中國政治思想新詮
⑪中國四大兵法家新詮：孫子、吳起、孫臏、孔明

肆、歷史、人類、文化、宗教、會黨

⑫神劍與屠刀
⑬中國神譜
⑭天帝教的中華文化意涵
⑮奴婢妾匪到革命家之路：復興廣播電台謝雪紅訪講錄
⑯洪門、青幫與哥老會研究

伍、詩〈現代詩、傳統詩〉、文學

⑰幻夢花開一江山
⑱赤縣行腳・神州心旅
⑲「外公」與「外婆」的詩
⑳尋找一座山
㉑春秋記實
㉒性情世界
㉓春秋詩選
㉔八方風雲性情世界
㉕古晟的誕生
㉖把腳印典藏在雲端
㉗從魯迅文學醫人魂救國魂說起
㉘六十後詩雜記詩集

陸、現代詩（詩人、詩社）研究

㉙三月詩會研究
㉚我們的春秋大業：三月詩會二十年別集
㉛中國當代平民詩人王學忠
㉜讀詩稗記
㉝嚴謹與浪漫之間
㉞一信詩學研究：解剖一隻九頭詩鵠
㉟囚徒
㊱胡爾泰現代詩臆說
㊲王學忠籲天詩錄

柒、春秋典型人物研究、遊記

㊳山西芮城劉焦智「鳳梅人」報研究
㊴在「鳳梅人」小橋上
㊵我所知道的孫大公

㊶為中華民族的生存發展進百書疏
㊷金秋六人行
㊸漸凍勇士陳宏

捌、小說、翻譯小說

㊹迷情・奇謀・輪迴、
㊺愛倫坡恐怖推理小說

玖、散文、論文、雜記、詩遊記、人生小品

㊻一個軍校生的台大閒情
㊼古道・秋風・瘦筆
㊽頓悟學習
㊾春秋正義
㊿公主與王子的夢幻、
(51)洄游的鮭魚
(52)男人和女人的情話真話
(53)台灣邊陲之美
(54)最自在的彩霞
(55)梁又平事件後

拾、回憶錄體

(56)五十不惑
(57)我的革命檔案
(58)台大教官興衰錄
(59)迷航記、
(60)最後一代書寫的身影
(61)我這輩子幹了什麼好事
(62)那些年我們是這樣寫情書的
(63)那些年我們是這樣談戀愛的
(64)台灣大學退休人員聯誼會第九屆理事長記實

拾壹、兵學、戰爭

(65)孫子實戰經驗研究
(66)第四波戰爭開山鼻祖賓拉登

拾貳、政治研究

(67)政治學方法論概說
(68)西洋政治思想史概述
(69)中國全民民主統一會北京行
(70)尋找理想國：中國式民主政治研究要綱

拾參、中國命運、喚醒國魂

(71)大浩劫後：日本311天譴說
日本問題的終極處理
(72)台大逸仙學會

拾肆、地方誌、地區研究

(73)台北公館台大地區考古・導覽
(74)台中開發史
(75)台北的前世今生
(76)台北公館地區開發史

拾伍、其他

(77)英文單字研究
(78)與君賞玩天地寬（文友評論）
(79)非常傳銷學
(80)新領導與管理實務

2015 年 9 月後新著

編號	書　　　名	出版社	出版時間	定價	字數（萬）	內容性質
81	一隻菜鳥的學佛初認識	文史哲	2015.09	460	12	學佛心得
82	海青青的天空	文史哲	2015.09	250	6	現代詩評
83	為播詩種與莊雲惠詩作初探	文史哲	2015.11	280	5	童詩、現代詩評
84	世界洪門歷史文化協會論壇	文史哲	2016.01	280	6	洪門活動紀錄
85	三搞統一：解剖共產黨、國民黨、民進黨怎樣搞統一	文史哲	2016.03	420	13	政治、統一
86	緣來艱辛非尋常－賞讀范揚松仿古體詩稿	文史哲	2016.04	400	9	詩、文學
87	大兵法家范蠡研究－商聖財神陶朱公傳奇	文史哲	2016.06	280	8	范蠡研究
88	典藏斷滅的文明：最後一代書寫身影的告別紀念	文史哲	2016.08	450	8	各種手稿
89	葉莎現代詩研究欣賞：靈山一朵花的美感	文史哲	2016.08	220	6	現代詩評
90	臺灣大學退休人員聯誼會第十屆理事長實記暨 2015～2016 重要事件簿	文史哲	2016.04	400	8	日記
91	我與當代中國大學圖書館的因緣	文史哲	2017.04	300	5	紀念狀
92	廣西參訪遊記（編著）	文史哲	2016.10	300	6	詩、遊記
93	中國鄉土詩人金土作品研究	文史哲	2017.12	420	11	文學研究
94	暇豫翻翻《揚子江》詩刊：蟾蜍山麓讀書瑣記	文史哲	2018.02	320	7	文學研究
95	我讀上海《海上詩刊》：中國歷史園林豫園詩話瑣記	文史哲	2018.03	320	6	文學研究
96	天帝教第二人間使命：上帝加持中國統一之努力	文史哲	2018.03	460	13	宗教
97	范蠡致富研究與學習：商聖財神之實務與操作	文史哲	2018.06	280	8	文學研究
98	光陰簡史：我的影像回憶錄現代詩集	文史哲	2018.07	360	6	詩、文學
99	光陰考古學：失落圖像考古現代詩集	文史哲	2018.08	460	7	詩、文學
100	鄭雅文現代詩之佛法衍繹	文史哲	2018.08	240	6	文學研究
101	林錫嘉現代詩賞析	文史哲	2018.08	420	10	文學研究
102	現代田園詩人許其正作品研析	文史哲	2018.08	520	12	文學研究
103	莫渝現代詩賞析	文史哲	2018.08	320	7	文學研究
104	陳寧貴現代詩研究	文史哲	2018.08	380	9	文學研究
105	曾美霞現代詩研析	文史哲	2018.08	360	7	文學研究
106	劉正偉現代詩賞析	文史哲	2018.08	400	9	文學研究
107	陳福成著作述評：他的寫作人生	文史哲	2018.08	420	9	文學研究
108	舉起文化使命的火把：彭正雄出版及交流一甲子	文史哲	2018.08	480	9	文學研究
109	我讀北京《黃埔》雜誌的筆記	文史哲	2018.10	400	9	文學研究
110	北京天津廊坊參訪紀實	文史哲	2019.12	420	8	遊記
111	觀自在綠蒂詩話：無住生詩的漂泊詩人	文史哲	2019.12	420	14	文學研究
112	中國詩歌墾拓者海青青：《牡丹園》和《中原歌壇》	文史哲	2020.06	580	6	詩、文學

113	走過這一世的證據：影像回顧現代詩集	文史哲	2020.06	580	6	詩、文學
114	這一是我們同路的證據：影像回顧現代詩題集	文史哲	2020.06	540	6	詩、文學
115	感動世界：感動三界故事詩集	文史哲	2020.06	360	4	詩、文學
116	印加最後的獨白：蟾蜍山萬盛草齋詩稿	文史哲	2020.06	400	5	詩、文學
117	台大遺境：失落圖像現代詩題集	文史哲	2020.09	580	6	詩、文學
118	中國鄉土詩人金土作品研究反響選集	文史哲	2020.10	360	4	詩、文學
119	夢幻泡影：金剛人生現代詩經	文史哲	2020.11	580	6	詩、文學
120	范蠡完勝三十六計：智謀之理論與全方位實務操作	文史哲	2020.11	880	39	文學研究

陳福成國防通識課程著編及其他作品

（各級學校教科書及其他）

編號	書名	出版社	教育部審定
1	國家安全概論（大學院校用）	幼　獅	民國 86 年
2	國家安全概述（高中職、專科用）	幼　獅	民國 86 年
3	國家安全概論（台灣大學專用書）	台　大	（臺大不送審）
4	軍事研究（大專院校用）	全　華	民國 95 年
5	國防通識（第一冊、高中學生用）	龍　騰	民國 94 年課程要綱
6	國防通識（第二冊、高中學生用）	龍　騰	同
7	國防通識（第三冊、高中學生用）	龍　騰	同
8	國防通識（第四冊、高中學生用）	龍　騰	同
9	國防通識（第一冊、教師專用）	龍　騰	同
10	國防通識（第二冊、教師專用）	龍　騰	同
11	國防通識（第三冊、教師專用）	龍　騰	同
12	國防通識（第四冊、教師專用）	龍　騰	同
13	臺灣大學退休人員聯誼會會務通訊	文史哲	
14	把腳印典藏在雲端：三月詩會詩人手稿詩	文史哲	
15	留住末代書寫的身影：三月詩會詩人往來書簡殘存集	文史哲	
16	三世因緣：書畫芳香幾世情	文史哲	

註：以上除編號 4，餘均非賣品，編號 4 至 12 均合著。　　　編號 13 定價 1000 元。